好好走向終點線

人生最重要的10個終活練習

Moving to Heaven,
Love Remains.

A guide to living well and embracing life's end.

認知心理學家
鍾灼輝 著

目錄

第三部分

最終醫療方案

第四部分

臨終安寧照護

第五部分

善離也善別

〔自序〕當死亡調查官遇上自己的屍體

在成為心理學家之前，我曾經是一名警察。雖然我的警察生涯並不算長，但卻有八年的警務工作是專注於死亡調查的。我的主要職責是處理自殺和意外死亡案件，曾處理超過一百多起屍體案件，目睹了各種各樣的死亡方式。那段時間讓我深刻體會到一個事實：我們永遠無法預知明天和死亡哪個會先到來。

明天的到來通常只有一種形式，當你醒來時，張開眼睛，看到陽光、看到熟悉的人和熟悉的世界，一切都如常存在，當然也包括你自己。然而，死亡的到來方式則千差萬別、千奇百怪。你可能因為各種交通意外而喪生，無論當時你是行人、乘客還是駕駛者。你也可能因為工業意外，在工作過程中遭遇各種無法預料的突發事故而喪命。或者你可能不幸碰到天災、人禍或戰爭，甚至可能無辜地捲入犯罪活動，成為一名路過的遇害者。

大多數人最常想到的死亡方式應該是因疾病或年老而逝去，這種方式或許比較容易被接受和預料。當然，疾病的種類繁多，一旦遇到急病惡疾，過程可能非常短暫，甚至在病因確定前就已經一命嗚呼。但較常見的情況是在患病過程中因治療無效而逝世，過程一般漫長而痛苦，生命在無力和無助的狀態下逐漸消逝。

也許，我們只被賦予知道出生日期的權利，卻永遠無法預知死亡的日期，那個欄位只能由後人填寫。有時候，正因為生命沒有確定的終點，使得我們有藉口去逃避這個必然面臨的死亡議題，形成了一種拖延和迴避的習慣。就像如果上司沒有給予工作完成的期限，下屬很自然會一直拖延下去，因為人類有惰性，並且總是誤以為時間還很多，「來日方長」。然而，太多太多的生命故事卻告訴我們，人生往往是「來不及」和「早知道」。

從我所見過的大多數死者來看，他們離世時心中都帶著遺憾，只是程度有多有少而已。他們留下了太多本應完成的事情未能完成，本應說的話未能說出口，本應做好的安排未能盡善盡美。這些遺憾是否會一直延續到他們生命結束之後呢？這一點無人得知。但有一點可以肯定的是，這些責任和遺憾將由後來的人所承擔。

而我自己就是一個很好的例子。

二〇〇四年，我在紐西蘭自駕滑翔機時遭遇了致命的意外。從五十層樓高的天空摔落，我在瀕死邊緣被救援，奇蹟般地倖存下來。當時我只有三十歲，卻被醫生殘酷地告知，為了繼續活下去，我必須截肢我的右腳。

作為一個瀕死意外的倖存者，我深刻體會到生命無常的本質。在意外發生前一刻，我是一個充滿夢想的有為青年，擁有健壯的身體和良好的頭腦，前途一片光明。我站在人生的巔峰，伸手可觸及天空，與雲一同飛翔。然而，在下一瞬間，我就像斷線的風箏一樣，曾經擁有的一切從我的生命中一一消逝，事業、健康、財富、感情，無一倖免。我從人生的高峰墜入一個一無所有的深谷，連最基本的身體自由也失去了。

當生命充滿無常，每一次出門都可能成為人生的告別之旅，意外和疾病可以無聲無息地降臨。這意味著我們對生命根本無法掌控。這樣的現實可能讓很多人感到矛盾困惑，時刻感到恐懼與不安。那麼，我們應該如何接受這樣的現實？如何應對呢？

幸好在被送進急診室時，我還保持著清醒的意識，並有機會拒絕截肢的要求。對我來說，截肢比死亡更可怕。最終，我的腳得以保留，但我面臨著漫長而痛苦的復健過程，其中包括巨額的醫療費用，耗盡了我一生的積蓄，使我陷入財務危機之中。那時候，我才意識到有些生前的準備原來是必須要做的。

例如，我需要預先記錄並整理好自己的財產資料，確保我的保險計劃足夠覆蓋可能發生的醫療費用和其他支出。此外，制定一份醫療指示書可以確保我在無法表達自己意願的情況下，醫生能夠按照我希望的方式進行治療。同樣重要的是，我也希望在告別儀式上能夠表達我的意願。我希望進行一個簡單而有意義的儀式，不需要燒紙錢或衣包，只需要將我的骨灰撒入大海。同時，我也希望將我可以捐贈的器官用於有需要的人身上，為他們帶來希望，而不是讓這些寶貴的資源被浪費掉。

如果當時我就這樣突然死去，我將遺留下一大堆讓家人頭痛的事情要處理，也許他們連哀悼我的時間都沒有。我曾經聽過一句很諷刺的話：「人在天堂，錢在銀行。」一旦你死去，你的財產就會被凍結，即使只是昏迷，你的金錢也無法動用，連支付醫療費用都不可能。最終，我可能會連累我的家人，讓他們背負沉重的財務負擔。

透過這些生前的準備，我可以大大減輕家人的煩惱，確保我的意願得到尊重。這樣，無論生命有多無常，無論在我生命的最後一刻發生什麼，我都可以安心地知道，我已經做好了充分的準備。

雖然我曾經處理過許多死亡調查，親手接觸過許多他人的屍體，我一直都明白生前的準備有多麼重要。但原來，我仍然沒有足夠的勇氣去正視死亡，仍然抱著一種僥倖的心態，總是妄想自己在死亡臨近時，還有足夠的時間來做準備和安排。

這次瀕死的經歷，彷彿給了我一個機會，讓我親身目睹我自己的屍體。若當時我的屍體仍能說話，或許我會對自己說：「出生時，我無法做出任何選擇。當我走到人生終點時，我希望能以我想要的方式告別，以優雅和負責任的姿態離去，為自己和這個世界留下最美好的回憶。」

〔前言〕每人一本生死簿

這是一本關於生命終結問題的必備指南及筆記本。

在我們的生命旅程中，終有一天我們將面臨生命的終結。為了確保在這個關鍵時刻，我們的意願能夠得到尊重並且減輕家人和摯愛的負擔與煩惱，我想創建一個筆記本，用以記錄我們處理生命終結問題所需的所有必要訊息。這個筆記本非常實用，每個人都應該備有一本。它不僅是為了我們自己，也是為了我們的家人和摯愛。

這本筆記將幫助你一步步提前規劃自己生前死後的十大事項，它不但能夠減輕後人在處理醫療決策、遺物遺產、殯葬安排等事宜時的困擾和煩惱，更代表了在生命最後階段，我們所希望得到的對待方式。

此外，這本筆記還是一份應急手冊，引導你如何選擇最終醫療方案，最後照顧的技巧，做到善終善別。

這只是一個簡單的指南，你可以根據個人情況和需求，自定義筆記本的內容。記得將這本筆記本放在容易找到的地方，同時告知家人和摯愛其位置，以便在需要時能夠快速使用。

這本筆記本是我們為了確保在生命終結時，我們能夠得到尊重和妥善處理而製作的一份禮物。它不僅能夠減輕家人的負擔，還能夠讓我們在生命的最後階段感到安心。珍惜每一天，為自己和愛的人提供這樣一個貼心的準備，是我們對生命的尊重與珍視。

楔子

認識終活

「終活」就是要一路活好、一路走好；
讓離開的人優雅轉身、輕鬆上路；
讓留下的人釋懷善別、勇敢前行。

對大多數人而言，死亡可能是一種可怕的失去，或是充滿未知的痛苦與恐懼，這一點是無法否認的。然而，我們也要意識到，生老病死是一個必然過程，並非上天故意懲罰或為難我們。大家是否想過，上天有許多世界大事要關注，根本無法照顧每一個人。同樣地，上天並不認識我們，也不會故意為難或特別眷顧我們。它無法應付每天幾十億個祈求，也無法實現人們無盡的願望。在這種情況下，我們別無選擇，只能承擔自己的生命責任和主導權。

死亡可以被視為是對生命最深刻的領悟，只有當我們接受並理解死亡時，才能更深刻地體會生存的意義，更加懂得珍惜此刻我們仍在呼吸的每一刻。

死亡的存在正好提醒我們，人生的時間是有限的，每一刻都非常寶貴。我們應該善用時間，追尋自己的夢想和目標，盡情體驗這個世界，過自己喜歡的生活，成為自己喜歡的自己。我們沒有多餘的時間可以浪費，沒有多餘的時間去走別人的道路，實現別人的夢想，過別人的生活。那些都是別人的事情。這個世界不需要多餘的複製品，需要的是一個獨一無二的你。

終活的概念喚醒我們，生命的價值不在於長短，而在於如何充實和珍惜每一刻。它鼓勵我們關注當下、活在當下，並且以積極的態度面對未來，用我們的存在為這個世界帶來美好。

即使生命已接近尾聲，我們仍應該將每一天活得像是出生的第一天一樣，對世界充滿希望與好奇；同時，將每一天視為生命的最後一天，勇敢且從容地珍惜每個當下的人生體驗。這樣，即使面對死亡，我們也能無懼地度過。真正令人恐懼的，不是老去、疾病或死亡，而是活得毫無意義、失去尊嚴和自由。

善終的極致表現，就是透過尊重、安心、舒適和自主善待自己，同時給予在世者繼續向前的美好支持。所以終活，絕對不是一條讓人垂頭喪氣的單行道。相反地，它的重點在於生，而不是死，是關於如何好好活、如何好好死。

終活的概念喚醒我們，生命的價值不在長短，而在於如何充實和珍惜每一刻。

第一部分

死亡心理學

只有當你直視黑暗時，
才能體會什麼是真正的光明。
也許，生命的價值所在就只能從死亡中發掘得到。

你有多害怕死，就有多想活

什麼是死亡？

死亡的定義是身體的生命活動完全停止。這通常包括呼吸、心跳、腦部活動和其他生命徵象的停止。死亡是一種自然現象，是每個人都會面臨的終點。根據不同的文化和傳統，對於死亡的定義和詮釋可能會有所不同。在現代醫學中，死亡通常被定義為心臟停止跳動和呼吸停止，這被稱為臨床死亡。

死亡會激發求生本能

大部分的人其實從未親身經歷過死亡，然而死亡卻是人生中最大的焦慮之一。死亡代表著生命的終結，失去了呼吸和實現夢想的能力。

當人們疾病纏身或者日益衰老時，可能會輕描淡寫地說「死掉算了」，因為對他們來說，死亡不過就是寂寞無聊和痛苦疾病的解脫。但極其諷刺的是，當死亡真正接近時，他們的反應卻是另一回事，因為他們不知道死後會發生什麼事情，也不知道離開這個世界會是什麼感覺。

如果不幸遭遇交通意外或神經系統壞死，身體無法行動，但意識仍然清醒的情況下，你會選擇繼續活下去還是選擇安樂死？類似的問題或許都曾經在我們腦海中出現。我相信絕大多數人（超過九成）的答案是：寧可選擇安樂死，也不願活受罪。但當面臨生死抉擇時，想像中的情況和現實真的一樣嗎？我們究竟是貪生還是怕死？

在二〇一一年，布魯諾在英國醫學雜誌（BMJ）上發表了一項讓人反思的研究，著眼於慢性閉鎖綜合症（Locked-in syndrome，LIS）患者對生活品質的自我評估。閉鎖綜合症是一種嚴重的神經系統疾病，患者在身體大部分肌肉無法控制的情況下仍保持完全清醒和意識清晰，患者能夠理解他人的話語，並透過眼睛示意回答。

透過一份回憶性比較自我評估（ACSA）量表，患者對於自己整體主觀幸福感進行評分。量表使用了回憶的方式，要求受試者回想起他們在患上閉鎖綜合症前生活中最好的時期，以及患病後最糟糕的時期，並將這些回憶作為計分的依據。-5 代表最糟糕的時期，+5 代表最好的時期，以反映他們對自己當前生活狀態的評價。

研究結果顯示，在六十五%名患者中，竟有七十二%自評為幸福（ACSA中位數 +3），約二十一%自評為不幸福（ACSA中位數 -4）。其中五十八%的患者表示在心臟停止時不希望進行復甦，只有七%的患者表示希望選擇安樂死。這完全顛覆了我們的想像。

進一步的調查發現，其實患者的生活並不真的快樂，只是他們仍然希望繼續活下去。他們擔心如果表達出過於痛苦的感受，醫院可能會選擇實施安樂死。這顯示當面臨死亡的威脅時，我們的天性往往會追求生存。對於死亡的擔憂反而激發了對生存的強烈渴望。

死亡為何讓人焦慮？

死亡焦慮是指對於死亡和生命的終結產生的恐懼、不安和困擾的情緒與思想。這種焦慮涉及對自己、他人以及整個世界的不可避免之死亡，所產生的反思和擔憂。

死亡焦慮的形成可以追溯到我們早期的認知發展階段。在嬰兒期，我們尚未完全理解外界和自我的分離，也無法區分現實和想像的界限。當我們置身於黑暗的環境中或無法看見身邊的事物時，我們可能會產生一種恐懼感，認為自己和一切都消失了。這種感覺可能類似於還未發展出「物體恆存」概念的兩歲孩子，當他們離開照顧者時會感到害怕和不安，因為他們擔心失去照顧者後自己無法繼續存在。

從孩童時代開始，孩子們就被灌輸死亡是一個禁忌、不祥的話題，不能輕易談論。各種恐怖傳說和鬼怪故事加劇了這種觀念，種下了可怕的印象和想法，使死亡變成了一隻可怕的怪獸。有些家長甚至用它來威嚇孩子，告誡他們不可以做壞事，否則死後就會受到各種殘酷的刑罰。死亡就像以前的性教育一樣，雖然關乎每個人的現實問題，但人們卻避而不談，結果變成了謠言和誤解。

即使長大後，人們對死亡的觀念仍然未能改善。死亡總是與痛苦、分離或疾病等極端負面的事情聯繫在一起，這加深了人們對死亡的恐懼和厭惡。隨著年紀增長，人們更加意識到死亡的不可避免性和終極性。社會、文化等因素的影響也使得死亡不僅是生命週期中不可避免的一環。同時，這些因素也導致我們將死亡視為一個我們一直努力想要征服，卻永遠無法掌控或逃避的命運。

整體來說，人們對死亡的焦慮可以分為三種主要形式：對死後未知的恐懼、失去擁有的焦慮和生命無常的不安。

死後未知

人們對死後未知感到恐懼，因為我們無法確定死後的狀態和存在形式。這種不確定性使我們傾向於想像負面的情況，例如痛苦、孤獨或失去意識。我們更可能擔心自己會在死後經歷無盡的黑暗，或是面對無法忍受的審判與懲罰。這些想像都是源於文化、宗教、個人信仰，或是社會對死亡的描述和描繪。

失去擁有

人們害怕失去生命中重要的人事物，例如財物、關係和親人等。當死亡的鐘聲響起時，人們可能仍然感到萬般不捨，並對自己的人生進行反思和質疑。是否好好地活過？是否找到了存在的價值和意義？被留下的親人能夠好好繼續生活嗎？在我過去所處理過的自殺案件中，我經常看到這種焦慮和不捨出現在遺書中。原來許多自殺者所遺憾的，並不是過去所犯的錯誤，而是失去了實現願望的機會和未能說出口的心聲。這成為了他們無法承受的負擔。

生命無常

人們對生命的不確定性和變幻莫測感到害怕。當我們意識到生命可以隨時消逝，死亡可以無聲降臨，我們的努力和奮鬥還有意義嗎？當每一次出門都可能成為最後的旅程，每一頓飯都可能成為與家人的最後時刻。面對這樣的無常，我們到底應該如何自救？這種無常所帶來的焦慮似乎無處不在。

事實上，死亡焦慮的表現可以是多種多樣，這主要是源於人們對生命缺乏正確的認識和深入的了解所致。正因為大家不敢正視死亡，才導致對死亡的恐懼不斷加深、不斷繁衍。然而，無論我們是否接受，死亡始終存在於我們身邊，並默默地影響著我們的生活。我們應該學會正確地認識和理解死亡，因為這是消除死亡焦慮及恐懼的最佳方法。

死亡倖存者帶回的訊息

誰對死亡最有話語權

雖然死亡是人生不可逃脫的必經階段，但我們對死亡的真實面貌卻所知甚少。從科學的角度來看，若想真切認識死亡，就必須站在死亡的最前方，近距離觀察。在這方面，瀕死回來的倖存者是最可靠的證人，能夠提供第一手資料。他們的經歷是最能夠揭示死亡真相的依據，因此他們在理解死亡方面具有重要價值。

根據瀕死心理研究的結果顯示，瀕死個案的發生並不受限於特定的文化、地域或社會階層。瀕死者的年齡範圍從老人到小孩皆有，無論是貧窮或富裕、東方人或西方人都可能經歷瀕死。根據一九九四年蓋洛普的民調結果顯示，在美國約有一千三百萬人曾經有過瀕死體驗，占當時美國人口的約五％。同樣，其他地區的研究調查也指出，世界上約有五％的人口曾經有過不同程度的瀕死經驗。

絕大部分的瀕死者表示，在經歷死亡的瞬間並未感受到所謂的害怕、恐懼或悲傷等負面情感。相反地，他們描述了一種超然的安祥和寧靜感，並描述看到了亮光或感覺與外界融為一體。瀕死者通常表示，在這個經驗中他們並未感受到任何疼痛或可怕的審判。這些描述提供了一個有趣的觀點，使我們對死亡的本質和可能的體驗有了更深入的思考。

更重要的是，瀕死回來的人普遍表示，他們發生了一些重大的人生改變，這些改變不僅體現在他們的生活和性格上，還涉及到更深層次的價值觀和信念。這種改變可以被視為瀕死經驗的一種副作用。瀕死者們似乎不再對死亡感到害怕，過著比以前更加自在的生活，對生命的意義亦有了新的理解，因而他們的生活態度和模式發生了徹底的轉變。這些瀕死後的影響被廣泛認為是正面和積極的，有助於提升人類的心靈層面。

這些改變到底如何形成？為何瞬間的死亡經歷能產生如此巨大的影響力？這一直是心理學家想要破解的謎團。

死亡是讓人覺醒的契機

以我自己作為一個瀕死者的經歷為例，死亡讓我看清了生命的本質，讓我重新思考該如何運用自己有限的生命時光。

在瀕死意外前，我習慣用金錢和物質來衡量一切事物的價值。然而，死亡如同一位警醒者，告訴我金錢和物質只是人為創造的虛構，並沒有真正的內在價值，而時間才是衡量生命價值無可取代的單位。

作為一個貪婪的人，我總是渴望生活充實豐盛，所以犧牲了比一般人更多的睡眠時間，只睡了生命的四分之一，相較於一般人的三分之一少了一大截。讀書和工作成為了我生活的主要部分，粗略估計占據了超過三分之一的人生時間。如果再減去吃飯、洗澡、交通、家務、排隊、上廁所、運動等基本生活瑣事，一天可能只剩下不到兩至三小時的生命時光。我的夢想、我的家人、朋友、愛人，還有我自己，都在爭奪這不到十分之一的珍貴時光。

我一直忙碌著，生活安排得密密麻麻，不斷地與他人比較，不斷地與時間競爭。生活的意義變成了在最短的時間內完成最多的事情，希望讓自己的生活比別人更充實、更精彩。當我習慣了追趕的節奏後，我已經無法分清是我在追趕著生活，還是生活在追趕著我。

到後來連那些所謂珍貴的夢想，根本無法花費我一點點的時間。生命中看似非常重要的人和事，也只占據我生命的極少一部分。除了維持基本生存功能，我絕大部分的生命其實都被各種社會需求和生活制度所消耗，我似乎並沒有太多的自主和選擇自由，真正屬於自己的時間實在是少之又少。

瀕死意外後，我對時間的觀念完全改變了，深刻理解時間才是生命中唯一無價的資源。在坐輪椅的那段時間，我重新以老人的速度過生活，學著放慢節奏，學會用時間來衡量生命中人事物的價值，沒有貴賤之分，只有值得與否。我不再浪費生命在不必要的物質上，不再盲目地遵循既定的生活模式，拒絕讓他人隨意奪走我的生命時間。

最後，我選擇離開原本穩定的警察工作，將生命投入到真正屬於自己的心理事業中。生命雖然有限，但絕對足夠讓一個人好好享受並充分利用。就像我只花了不到十分之一的人生就實現了所有的夢想。我學會了用時間換取快樂而不是金錢，用時間換取自由而不是貪婪。

要成為自己生命中唯一的主人，必須改變扭曲的時間觀。死亡讓人學會從生活清單中做出選擇，為夢想訂下優先順序，從而更有智慧地分配生命中的時間和精力。透過這樣的選擇，人的生活變得更加個人化、豐富多彩，生命也因此獲得了真正的意義和價值。

活出生命最大價值的方法很簡單，就是盡情享受生命中的每一刻。只要用心過好每一刻，美好的未來就會自然而然地呈現。因為未來不是事先預定或計劃的，而是用心一步一步走出來的。死亡的警醒讓我明白：你如何度過今天，就等於你如何度過未來，你今天的生活也將是十年後生活的寫照。如果你無法善待當下，更無法掌握未來。

做好死亡的心理準備

由於我曾從事死亡調查的工作，經常需要到醫院或太平間等地方。無論這些人生前的地位如何崇高或富裕，最終他們都只剩下一張白布，包裹著赤裸的軀體。人的出生本來就是一片空白，空無一物地來到這個世界，死時也無法帶走任何東西，一切都是先得到，再放下。因此，年輕時應該活得充實豐盛，充滿人生的每一刻，這樣才能真正體會到空白的存在，智慧就隱藏在那片白布之中。

如果沒有經歷過死亡，或許我依然活在外表精彩但虛幻的人生中，雙手緊抱著一大堆無法攜帶走的物品和成就，最後才發現自己什麼都不是、什麼都沒有，沒有用心去經歷過任何事情，這比死亡更加痛苦、更加可怕。從那次瀕死的經驗中，我得到了人生最重要的啟示和反思，讓我從虛幻的迷惘中清醒過來。

人生中的每一個經歷，無論是生老病死或悲歡離合，都是為了拓展我們的智慧，最終讓我們重新找回自我身分、存在的價值和活著的意義。因為只有透過智慧，我們才能走出混沌的迷霧，讓我們的靈魂長出翅膀，在無盡的天空中自由飛翔，這才是真正的自由。

死亡是人類最好的學習經驗，它將生命限定在一個時間範圍內，為生活增添了未知的元素。只有在無常的時間洪流中活著，我們才能學會愛、珍惜和隨遇而安。愛自己、愛他人、愛這個世界；珍惜福分、珍惜緣分、珍惜生命；隨心所欲、隨遇而安、隨生命的流向。當我們不再迷失於過去和未來，能夠全心全意地活在當下，現在的每一刻便是永恆，生命也能夠超越死亡的束縛。

面對死亡的積極心態

除了正確認識和理解死亡，想要應對死亡焦慮，我們還需要培養一種正念的心態。然而，當面臨死亡焦慮時，人們通常只會採取以下兩種常見心態之一。

一種心態是尋求信仰，信仰更高的存在，例如上帝或佛祖，人們相信只要將自己交託給神明，並遵守神的旨意，就能在死後進入天堂或極樂世界。這種信仰可以幫助人們減少對死亡的恐懼，因為他們相信生命不只是終點，而是通往更高層次存在的開始。但對於無宗教信仰的人或無神論者則不太適用。

另一種心態是追求個人存在主義，透過不斷努力追求知識、權力、財富等，讓自己的價值感得到滿足，從而抓住生命中的每一分每一秒，讓自己的存在感膨脹到不再害怕死亡。然而，這種方法實際上也是一種逃避死亡的方式，很多時候會造成反效果，因害怕失去而加大了對死亡的恐懼。

事實上，我們還有第三種更好的選擇，那就是不執著、不批判、不比較，全然接受的正念心態。這種心態讓我們能夠以更開放、寬容和平靜的態度面對自己和死亡的存在。這種態度猶如悲觀中的樂觀主義或消極中的積極態度。我們可以正視死亡的不可避免，並將其視為生命的一部分，從而更深刻地體驗和珍惜當下。這種接納和理解死亡的態度可以幫助我們放下恐懼，將精力集中在更有意義的事情上，並更全面地活出每一天。

如老子所言：「生者死之，死者生之。」這意味著我們應該接受生死循環的自然法則，並充分體驗當下每一刻的價值。

處理死亡焦慮的小技巧

在學習面對死亡的過程中，我們難免會產生各種疑問和不同的情緒反應，例如恐懼、憂慮、悲傷或接受。這些情緒是正常的，我們應該允許自己去感受和表達它們。不要壓抑自己的情感，而是給予自己時間和空間去處理這些情緒。

與家人、朋友或專業的心理輔導員交流是非常重要的，他們可以提供情感支持和理解，幫助我們處理這些情緒。同時，參加支持小組或加入相關的社區組織也可以讓我們與有相似經歷的人共享經驗和得到支持。

以下分享一些減少死亡焦慮的簡單方法和技巧：

冥想與正念練習

透過冥想和正念練習，我們可以學會專注於當下，放下過去和未來的煩惱，並培養內在的平靜。冥想是一種靜心的方式，讓我們意識到思緒的流動，並學會觀察而非參與其中。正念則是以接納和無評斷的態度，觀察當下的感受、思想和身體狀態。透過這些練習，我們可以培養對當下的覺察，並學會接受一切的存在。

與自然連結

多與大自然相處，享受大自然的美麗和寧靜。走在大自然中，感受著大地的觸感、聆聽著風吹樹葉的聲音，我們可以進一步連結自己與自然的律動和節奏。這種連結能夠讓我們從日常的煩囂和壓力中解脫出來，重獲平靜和內在的平衡。大自然的奧妙，也提醒我們生命的無窮可能性和生死有時的自然法則，幫助我們以更寬廣的視野看待死亡，並接受生命的有限性。

● 尋找心靈寄託

探索自己的信仰和價值觀，尋找對你有意義的宗教或哲學信仰。這些信仰能夠提供一種超越生命有限性的信心，讓你感受到更深層的意義和連結。不論是信奉特定宗教的教義、尋求人生的目的，還是深入探索哲學思想，尋找心靈寄託可以幫助你建立起一個堅實的精神支柱。信仰是我們在面對死亡焦慮或恐懼時的指南針，可以給予你安慰、力量和指引。

● 培養支持系統

與家人、朋友和社區建立良好的支持系統，能夠提供情感上的支持和理解，幫助你在面對死亡時保持平靜和平衡。這種連結和支持可以讓我們建立更強大的心理抵抗力，以應對死亡的挑戰。死亡是一個共同的課題，它不僅對個人產生影響，也深深地影響著我們身邊的親人。在面對這個課題時，我們需要彼此連結，共同面對並互相扶持，一同走過這個難關。

回顧過去、反思生命

回顧過去的經歷、成長和成就，可以讓我們意識到自己在這個世界上留下的痕跡。這種回顧不僅是對自己的一種肯定，也是對生命的一種珍視，有助於對生命的價值有更深刻的體悟。同時，我們也應該思考未來，確定自己的價值觀和人生目標。這樣的反思可以幫助我們更加有目的地生活，並將生命的每一個瞬間都視為寶貴。死亡提醒我們要珍惜人與人之間的關係，追求自己熱愛的事物，並努力對自己和他人產生積極的影響，更加充實地活著並將自己的生命與我們所關心的價值連結起來。

只有在無常的時間洪流中活著，
我們才能學會愛、珍惜和隨遇而安。

第二部分

終活指南

有始得有終，
想要有圓滿的結局，
實踐「終活」很重要！

終活的意義與價值

終活，指的是人們在生命的最後階段，積極思考和計劃如何度過剩餘的時間，並且為自己和家人做好準備。終活的核心理念是以自己的意願和價值觀為中心，為生命最後的章節做出適切的安排。

許多人誤以為終活關注的是一堆死亡前的實務安排，例如處理遺囑或葬禮等事項，但其實終活更關注個人的心靈需求和情感層面。終活鼓勵人們思考人生的意義，完成未竟的夢想，建立更深厚的家人和朋友關係，並為離世做好心理和情感上的準備。不論你現在處於生命的哪個階段，都應該思考並做好這方面的準備。

如果將人生視為一段旅程，終活的目的就是讓人們能以更有意義的方式走完這段人生旅程，並給留下的人帶來和平和安慰。終活提醒我們，生命的價值在於我們對自己和他人的關懷，以及我們在有限時間內做出的積極貢獻。這種實踐不僅能讓人更滿足和幸福，也對身心健康產生積極影響。

因此，終活不應被視為令人沮喪的話題，而應被看作是提醒我們珍惜生命、追求個人滿足和幸福的機會。

終活並不受年齡限制，任何年齡的人都可以開始進行終活。許多人會在人生轉折點開始終活，例如達到退休年齡、孩子獨立或結婚等時刻。心理專家建議最好在身體健康、頭腦清晰的時候逐步進行終活準備工作，儘早完成所有安排。

儘管有些人可能認為終活是一件悲傷的事情，但實際上許多已經進行過終活的人都表示，在整理過往人生的過程中，逐漸減少了對死亡的不安感，有效緩解了與死亡相關的焦慮。因此，終活不僅有助於個人心理健康，也能減輕家人的負擔和照顧，讓自己和家人可以更從容地面對生命的終點。

這本書是一場引領自主和積極生活的身心靈運動，旨在幫助你活在當下，擁抱更有意義、更自由、更輕鬆的真實生活。透過書中內容，你將獲得心理和實務上的支持與指導，讓你在面對人生無常時能夠保持平靜和勇敢。這不僅是一本告別之書，更是一本關於創造豐盛人生的指南。現在就開始展開終活的旅程。

自己的人生結局應該由自己去精心編寫，這是一種自主，也是一種責任！

終活要做好的十件事

● **照顧及醫療篇**

Step 1. 預立各種醫療指示：

個人化醫療選項的認知與規劃，確保即使病危或昏迷也能實施符合意願的治療與生命延續措施。

● **財務計劃及資產篇**

Step 2. 財產管理：

每一分每一毫都是辛苦賺回來的，不願被埋沒於塵土，必須適時有效整理。列出房屋和土地契約、股票等相關文件，並留下帳戶密碼。

Step 3. 財務規劃：

精打細算，做好現金的規劃與運用，享受優質的退休生活。

Step 4. 檢視保險：

臨終生活的安全傘，應對人生不確定性，安心度過生命的最後一天。

Step 5. 制定遺囑：

財產分配我來定奪，不要人在天堂錢留銀行，保護所關心人的利益，避免後人間紛爭。

● 善終善別篇

Step 6. 殯葬安排：

塵歸塵、土歸土，預先選擇符合信仰的道別儀式，人生最後的告別與搬家。

Step7. 更新聯絡名單：

方便快速連繫，確保不遺漏任何想見最後一面，或希望對方收到死亡通知的親友。

無憂生活篇

Step 8. 物品斷捨離：

萬般帶不走，所欲遠甚所需，讓物品服務於你的需求，減輕過度擁有的負擔。

Step 9. 實現最終目標：

有心不怕遲，列出終極夢想與目的地清單，努力實踐，活一天賺一天。

Step 10. 終活筆記：

致自己的情書，留給家人的永恆紀念，記錄生命中每一個珍貴瞬間的存在。

※終活十件事建議搭配《終活實踐筆記本》閱讀。

照顧及醫療篇

Step 1. 預立各種醫療指示

預先制定醫療指示是一個重要的準備工作，可讓你在不具備判斷能力時，仍能按照自己的意願接受醫療治療。可與家人和家庭醫生討論，並寫下具體的延長生命措施，如是否接受心肺復甦術、人工呼吸器等。同時，也可以討論和考慮緩和病人痛苦的措施，如疼痛治療等。

什麼是預立醫療指示？

預立醫療指示（Advance Medical Directives）是指當病人不幸患上嚴重疾病時，病人和家屬可以與醫護人員商討如何執行日後病危時的醫療和個人照顧計劃。醫護人員會對病人詳細解釋各種治療方案的利弊，以及疾病的預後狀況，讓病人逐步了解面對的問題和選擇，然後再做決定。病人可以表達自己對未來醫療或個人照顧的意願、價值觀和期望得到的生活品質，與醫護人員共同擬定醫療和照顧計劃。

病人的意願和選擇，將會詳細記錄在相關的醫療指示文件中。當病人病危而無法自行做出決定時，這些紀錄可以成為醫護人員參考的依據，以提供適當且尊重病人意願的醫療照顧。

預先制定醫療指示和預立醫療決定授權書可以讓你在面對緊急狀況時，更有信心、更能掌控情勢，並能確保你的意願得到遵守。建議在制定這些文件時，尋求專業的法律和醫療建議，以確保文件的合法性和有效性。

擬定預立醫療指示的困難

病人和家屬要談論死亡或生前最後臨終的安排並不容易。有時候，因為越在意對方，就越不敢和對方討論。病人常常早就有對於後事的打算，但卻怕提起後家人會擔心，所以隱藏在心裡。家人也常常想要詢問病人的想法，但卻怕提起後病人會意志消沉，所以不敢開口。這樣常常導致雙方的遺憾。

其實談論這些重要的事情，並不會讓病人的病情惡化、喪失鬥志，或是縮短病人的生命。相反地，因為可以一起共同安排重要的事情，病人會感到更安心，也更有力量去應付身體的變化。這樣消除了懸在心上的遺憾，反而會更感到放鬆。

選擇合適的時間進行預立醫療指示的商討非常重要。疾病初發時，病人可能尚未真正意識到疾病的嚴重性，也可能缺乏對治療選項和可能後果的全面認識。因此，過早進行商討未必有意義，病人也未做好心理上的準備。然而，若商討時間太晚，病人的身體和精神狀況可能已經無法參與討論或有效表達個人意願和治療方向。舉例來說，若病人進入晚期，病情通常會惡化，身體功能也會減退，使病人面臨認知能力下降、身體活動能力逐漸喪失的情況。某些疾病的進展可能導致急性病情加重，出現呼吸困難、器官衰竭或昏迷等狀況。

疾病的軌跡或長短往往難以準確預測。有些疾病可能在數月內迅速進展，而其他疾病可能需要數年才會出現明顯的變化。即使是同一疾病，病情變化很大程度上取決於病人的個體差異和所採取的治療方式。但不論疾病軌跡長短如何，疾病晚期的變化往往更加劇烈和迅速，給病人及其家屬帶來更大的挑戰和困惑。在那個時候，想要做出好的醫療決定將變得更加困難。

何時應開始擬定預立醫療指示？

醫療專家建議，在以下情況下應儘早與病人討論預立醫療指示，以確保他們能夠做出明智的決定，他們的意願也能得到適當的考慮和尊重：

1. 當病人開始依賴他人的照顧，例如無法獨立進行日常活動，身體和活動能力已出現明顯下降，甚至需要入住安養中心或醫院。
2. 當疾病帶來相當的不適，例如引起嚴重的疼痛、呼吸困難或情緒困擾，病人的身體和心理狀態變差，有社交困難。
3. 當疾病已進入晚期階段，例如頻繁入院或經歷過急性重症，甚至曾經瀕臨死亡。
4. 當治療方案無法提供明顯的好轉或醫療效果已達極限時，疾病的治療已經被宣判無效，例如癌症患者的癌細胞已經廣泛轉移。
5. 有些不可逆轉的嚴重疾病，如腦退化症或運動神經元疾病（漸凍人症），可能在診斷後迅速惡化，預立醫療指示的商討應儘早在他們心智仍然清晰的時期進行。

在這些情況下，病人的病情已經比較嚴重，如果不及早討論預立醫療指示，可能會錯失最好的時機。因此，建議病人及其家屬在病情不斷惡化時，要主動向醫護人員提出預立醫療指示的需求，以確保病人的意願得到尊重，照顧和治療也可以更加貼近病人的需求。

預立醫療指示需符合的精神狀況

那精神病人可以自己做決定嗎？又或家人因為生病所以出現精神症狀，他自己簽署簽處的意願書有效力嗎？他真的理解自己所做的決定嗎？當他的決定和監護人或代理人互相衝突時，醫療人員要選擇依照誰的意見，並負擔什麼樣的風險與責任？

很多失智病人或精神病人的行為和能力都不是在一天之內形成的，通常是在緩慢的過程中逐漸出現的，甚至會上下擺動。根據英國的「心智能力法案」以及「身心障礙者權利公約」，只要病人本身能夠聽取訊息、理解訊息，並能根據自己的生命經驗和價值觀做出決定，能為自己的決定負責，能與他人溝通自己的選擇，那麼他們的自主權就應該受到尊重，即使是拒絕維生醫療的決定也應該受到尊重。

對於精神症狀明顯的病人，建立信任感和安全感是非常重要的。當需要溝通重大的醫療決定時，除了有醫療團隊協助從旁評估病人做決策的能力，也需要依賴病人所信賴的對象以及適當的輔助方式，讓病人有機會表達自己的偏好和喜好。

對於面臨重症或末期疾病的未成年人，由於他們在法律上還沒有完全具備行為能力，因此很多醫療決策都需要父母或監護人的同意或決定。實際上，四歲以上的孩子已經可以理解死亡和永遠分離的概念，並且會有自己的哀傷反應。對於未成年病人，我們應該讓他們保有表達自己醫療決定的權利，並根據病人的最佳利益尋求共識，為病人計劃未來的醫療或個人照顧方案。

臺灣的「預立醫療決定書」

在臺灣，預立醫療決定（Advance Decision，AD）是指事先提前表明對於醫療處置的選擇和意願，當病人處於末期狀態或無法表達自己意願時，得以確保醫療決策符合其價值觀和意願。預立醫療決定的法源基礎為《病人自主權利法》及其相關法規。

簽署條件

根據臺灣的法規，任何年滿十八歲，具有完全民事行為能力、有健保卡（成年外籍人士只要有健保卡也可以制定）、心智正常，能夠瞭解自己意願的人，都有權利制定預立醫療決定。

簽署流程

為了確保預立醫療指示的有效性，在制定時需要遵循一定的程序：

1. 法律規定在簽署前，需要先向醫療機構預約「預立醫療照護諮商」。由專業醫療人員說明內容，並評估意願者的心智能力。
2. 除了意願人本人，也需要邀請至少一位二等親的家人，或醫療委任代理人[1]共同諮詢，現場會有護理師與社工師協助填寫表格。
3. 完成諮詢後，意願者可當下簽署，也可以把表格帶回家簽。
4. 預立醫療指示必須由意願人本人親筆簽署或口頭表達，同時需要有兩名具有完全民事行為能力的成年人作為見證人[2]，在場

1：除意願人之繼承人外，下列之人，不得為醫療委任代理人：意願人之受遺贈人、意願人遺體或器官指定之受贈人、其他因意願人死亡而獲得利益之人。（《病人自主權利法》第十條第二項）

2：意願人之醫療委任代理人、主責照護醫療團隊成員、意願人之受遺贈人、意願人遺體或器官指定之受贈人、其他因意願人死亡而獲得利益之人，不得擔任見證人。（《病人自主權利法》第九條第四項）

見證簽署過程（也可以辦理公證）。

5. 完成簽署後，還需由醫療機構協助將預立醫療決定書上傳，註記在健保卡內才會生效。

預立醫療指示可以包括拒絕接受特定的醫療處置或治療方式，例如心肺復甦術、人工呼吸器使用、血液透析等。病人也可以表明希望接受的醫療處置或治療方式，以確保自己的意願得到遵從。

當病人喪失自主能力後，醫療團隊會參考預立醫療指示來進行醫療決策。如果預立醫療指示被認為適用且有效，醫療團隊有責任根據其指示執行醫療處置或治療。家屬或其他人士無法推翻合法有效的預立醫療指示。

然而，如果存在病人的狀況改變或預立醫療指示的適用性有疑問，醫療團隊可能需要重新評估指示的適用性。在這種情況下，醫療團隊有責任保護病人的生命並提供必要的醫療處置。

即使已簽下預立醫療決定書，但之後想法改變，決定書可隨時修改或撤銷。請注意不能自行修改，程序上須重新辦理見證或公證，並於健保卡更新，此變更或撤銷才會生效。

香港的「預立醫療指示」參考

雖然香港目前沒有專門的法例規定「預立醫療指示」，也沒有明確規定預立醫療指示應以何種形式表達，但任何年滿十八歲的成年人，只要具有做出醫療決定所需的精神上行為能力，就可以預先訂立醫療指示。當到達生命末期且失去自主能力時，或在何種特定情況下，可以拒絕接受某些維生治療，例如心肺復甦、人工輔助呼吸、人工營養等。

為了有效執行預立醫療指示，香港的醫院管理局提供特定的表格供病人使用。該表格涵蓋以下三種情況：1. 持續惡化且無法逆轉的嚴重疾病、2. 持續植物人狀態或不可逆轉的昏迷狀態，以及 3. 其他晚期不可逆轉的生命受限疾病。

舉例來說，一位被診斷出晚期癌症的病人，經過多次治療後仍沒有起色，醫生已經不能提供任何針對治療病源的有效方法，並預期病人壽命僅剩數星期。在這種情況下，病人可以明確表示拒絕接受進一步的放化療或入侵性等維生治療。除了癌症，其他晚期不可逆轉的生命受限疾病還包括晚期腎衰竭、晚期運動神經元疾病、晚期慢性阻塞性肺病和主要腦功能喪失等。

根據香港醫管局的指引，預立醫療指示表格需要由病人和兩名見證人簽署，其中一名見證人必須是香港註冊醫生。這位醫生必須確信病人在精神上具備做出決定的能力，並清楚理解所做的預設醫療指示。為避免利益衝突，兩名見證人不得在病人的遺產中擁有任何權益。

填寫好的表格是病人的重要預立醫療指示憑據，需要妥善保管。一旦患病送院，病人應第一時間將正本交給醫護人員，以便在需要時執行其醫療指示。需要強調的是，這份醫療指示只在病人失去自主能力的情況下才會生效，並由醫護人員判定指示中提到的疾病是否符合當前情況。

當醫療指示被確定為適用且有效時，醫護人員負有責任遵從這些指示並確保其執行。這意味著無論是誰，都不能在不尊重病人的醫療自主權的情況下推翻或更改這些指示。舉個例子來說，在病人入院治療之前，他明確表達了不希望接受持續插管治療。無論是病人的家屬還是其他人，都無權忽視這個醫療指示並試圖推翻它。

但如果醫護人員無法確定文件的有效性，或對文件的適用性有所懷疑，例如懷疑昏迷是由虐待或中毒引起的，醫護人員可以決定先為病人提供急救。

即使病人在確立醫療指示後，他們仍然可以隨時改變主意，並有權利對之前所做的醫療指示進行修正或取消。他們應該儘可能及時通知醫護人員，以便醫療團隊能夠根據病人最新的意願做出相應的處理，並根據最新的指示來調整治療計劃。

如果病人有多份醫療指示，而這些指示之間存在分歧或矛盾，醫護人員會以病人持有的最新近的指示正本作為依據，並予以遵從。

馬來西亞的「預立醫療指示」參考

在馬來西亞，預立醫療指示可以在病人還未失去自主能力時提前制定，以確保在病人失去自主能力後，醫療決策能夠符合其意願和信仰。根據馬來西亞《預立醫療指示法令二〇一九》規定，任何年滿十八歲、精神健康和知情的人都可以制定預立醫療指示。

預立醫療指示的內容涉及到病人所接受的醫療治療類型、拒絕接受的治療方式和終止治療的時間點等。病人可以在預立醫療指示中指定代理人，代理人將在病人失去自主能力後代表其做出醫療決策。

在制定預立醫療指示時，病人必須遵守一定的程序。首先，病人必須在自願和知情的情況下做出決定。其次，病人必須在兩名見證人的見證下簽署預立醫療指示書。其中至少一名見證人必須是醫生，而另一名見證人不能在病人的遺產中有任何權益。

預立醫療指示在馬來西亞是具有法律效力的，但是在執行時，醫護人員必須先確認病人是否已失去自主能力以及預立醫療指示是否適用於現實情況。如果醫護人員懷疑預立醫療指示的適用性，例如病人的狀況有所改變，或者預立醫療指示的有效性有問題，例如該指示曾被撕毀或被修改，醫護人員可決定先為病人提供急救。

醫療委任代理人

除了「預立醫療指示」，還可考慮預先簽署「醫療委任代理人委任書」，指定一個人或多個人作為你的醫療代理人，在你無法做出決策時代表你做出醫療決策。

醫療委任代理人指的是在病人意識不清或失去自主決定能力時，代表病人表達意願的人，包括聆聽病情、簽署手術或侵入性治療的同意書，以及確認病人過去在獨立醫療決策文件上表達的意願。此外，代理人還需要在非心肺復甦下的急救和在任何緊急情況下，根據當下病情的評估，決定各種風險與利益的醫療處理。因此，選擇醫療代理人需要非常慎重，不能只因對方有意願或與自己親近就委任。必須確認代理人是否清楚了解自己的醫療想法，並能準確代表自己表達。

此外，關於醫療委任代理人的委託，需要告知家人並與家人商討，以避免產生誤會和矛盾。如果代理人不被家人認同，則彼此之間產生的意見衝突往往會對醫療決策造成阻礙，使病人的意願受到阻撓。醫療代理人也需要從道德和專業角度權衡，選擇最適合的醫療方案，讓家人不留下遺憾。

財務計劃及資產篇

Step 2. 財產管理

列出詳盡的財產清單，讓家人更容易處理你的財產事務，並確保你的財產得到合理的分配。如房屋、土地、股票、投資基金或其他投資，請整理好相關的契約、文件和紀錄，以幫助家人處理你的財產。如擁有網路銀行帳戶、投資帳戶或其他帳戶，請將帳戶密碼留給家人。

將這些重要文件放在一個安全且易於尋找的地方，並告訴家人，例如保險箱或律師處，確保這些文件的副本也儲存在其他安全的地方，例如電腦硬碟或雲端儲存空間。

Step 3. 財務規劃

為了確保你的財務穩定，有幾個重要的步驟需要考慮。首先，你應該掌握並計算出每個月的預期支出總金額。這包括日常生活費用、房貸或租金、水電費、保險費用等等。確保你有足夠的現金分配來支付這些支出，同時也要預留一些現金應對突發事件，例如醫療費用或緊急維修費用，這樣你就能應對未來不可預見的支出。

如果你已經退休，重要的是要規劃好您的退休金。根據你的退休金額和預期支出，確定你每個月需要支付的金額，以確保你和家人可以維持適當的生活水準。如果需要，諮詢專業財務顧問，他們可以幫助你制定退休金的計劃，確保你的退休金能夠支持你的生活需求。如果你還未退休，考慮增加退休儲蓄是很重要的，這可以透過定期定額儲蓄或投資來實現。這樣可以確保你和家人在退休後可以享受穩定的收入。

預期支出的規劃是確保您的財務穩定的關鍵。諮詢專業財務顧問是很有價值的，他們可以根據您的情況給出具體的建議，以確保您的財務目標和預期支出得到合理的規劃和管理。

Step 4. 檢視保險

檢查你目前的保險是否符合你的現狀和需求，例如醫療保險、人壽保險、殘疾保險等。如果需要升級或降低保險額度，請及早更新你的保險計劃，以確保你和家人可以得到充分的保障。如已購買喪葬保險，請確認其保險範圍和補助金額是否符合你的期望。如有需要，請與保險公司聯繫修改你的保險計劃，以及時應對可能出現的問題。

準備好你的保險文件和其他相關文件，例如保險單、理賠申請表等。將這些文件放在一個安全且易於尋找的地方，例如你的保險箱或律師處。

Step 5. 制定遺囑

訂立遺囑是一項我們常常忽略但極其重要的事情。它是我們能夠在離世後確保自己意願得到尊重和執行的法律文件。然而，很多人因為忽視或拖延，最終沒有訂立遺囑，導致在他們離世後產生了各種後續問題和爭議。

一提到遺囑，許多人立刻聯想到那些大家族的財富爭奪案件。由於牽涉到巨額財富，很容易引發後人之間的激烈爭奪，上演比電視還要難看的肥皂劇。然而，實際情況遠不僅如此。在我處理的死亡調查案件中，更多的是來自小康家庭，原因是亡故者未事先妥善安排遺產分配，導致後人之間出現了許多爭執。

有些人可能誤以為，遺產爭奪是源於貪婪，但事實上更多情況是由於不公平。所謂的不患寡而患不均。然而，何謂公平實際上只有已故者才有權決定。正因如此，訂立遺囑變得非常重要。

訂立遺囑的重要性不僅僅限於大家族或龐大財富的分配，對於每個人來說都至關重要。無論你的財務狀況如何，訂立遺囑都能確保你的意願得到尊重，財產按照你的決定進行分配。這不僅可以避免後人之間的紛爭，還能保護你所關心的人的利益。

訂立遺囑不應該被視為一種忌諱，而應該視為一種未雨綢繆的行為，表現出對家人負責任和關愛。無論你的年齡、財務狀況或財富多寡，請在身體健康、心智清晰的時候慎重認真考慮訂立遺囑，以確保自己和家人的利益得到保護和照顧。

訂立遺囑的重要性

● **確保意願得到尊重**

透過遺囑，你可以清楚地指定財產分配方式、遺贈對象、監護人選擇等事項。這可以確保你的意願得到尊重並按照你的要求執行。若沒有遺囑，你的財產可能無法按照你的意願進行分配。法律可能會根據當地法律規定進行分配，這可能與你的意願不符，並導致某些人或機構獲得你原本不希望他們獲得的資產。

● **避免延誤和不確定性**

沒有遺囑，家人可能需要花費更長的時間和努力來處理你的後事。這可能包括處理法律程序、確定繼承人和分配財產等。這些延誤和不確定性會給家人帶來額外的壓力和負擔，並可能導致財務困難。

● **避免家庭因財產陷入爭議**

沒有明確的遺囑指示，家人之間可能因為財產分配問題產生爭議和糾紛。這種情況可能導致家庭成員長期對立，甚至需要法院介入解決，引發漫長的法律訴訟，浪費時間和金錢。更糟糕的是，這可能對家庭關係造成永久損害。一份明確的遺囑可以避免這些爭議，讓家人在你離世後更容易處理後事。

監護人指定

如果你有未成年子女或需要監護的家屬，若沒有遺囑，為了確定適當的監護人，可能導致爭議和法律程序。這可能對孩子或需要監護的家屬造成額外的壓力和不確定性。遺囑可以幫助你指定合適的監護人。這樣可以確保他們在你離世後得到適當的照顧和監護。

財務及稅務管理

遺囑可以涉及財務管理方面的安排，例如指定執行遺囑的執行人或設立信託基金。這些安排可以確保你的財務資產得到合理的管理和分配，同時最大程度地減少稅務負擔。若沒有遺囑，你的財產可能會面臨高額的稅款，這可能導致財產減少，影響你的繼承人的利益。因此，透過遺囑的規劃，你可以有效地管理財務並保護你的財產，確保能夠為你所指定的人或慈善組織帶來最大的效益。

確保遺囑合法且有效

遺囑是一份正式的法律文件，需要遵守相關的法律規定。遺囑的目的是確保財產在你去世後能夠按照你的意願分配。因此撰寫遺囑時，請確認當地相關法規，以確保遺囑的合法性和有效性。

請定期檢查和更新遺囑，以反映你的最新意願和情況。如果家庭狀況發生變化，如結婚、離婚、生育、收購財產等，則需要及時更新遺囑，以確保它仍然有效。當簽署新版本的遺囑時，舊版本將自動失效，並以最新版本為準。

● 臺灣遺囑規定

臺灣民法規定，年滿十六歲者可以立遺囑。目前主要有五種立遺囑的形式：自書遺囑、公證遺囑、密封遺囑、代筆遺囑，以及口授遺囑。

自書遺囑最為常見且方法簡單，立遺囑人自行書寫立下遺囑，並簽署姓名以及註明日期（年、月、日），完成即有法律效力。請注意自書遺囑需親筆書寫，不能打字列印，簽名時要確保你是在自願、清醒、無強迫的情況下簽署遺囑。若希望更有保障，立遺囑人也可以親自到各地方法院或公證處辦理自書遺囑認證。

其餘四種遺囑類型較為複雜，且需要見證人、公證人在場，為避免遺囑無效，請確認好相關程序與法律規定。

善終善別篇

Step 6. 殯葬安排

不可馬虎的人生大事

在中國傳統文化中，紅白二事都被視為人生中的重大事件，因此喪禮的安排與婚禮的安排一樣重要。這些安排涉及到你的葬禮方式、葬地選擇、紀念服務和喪葬儀式等。及早訂立殯葬安排，可以確保你的意願得到尊重，同時減輕家人在情感上和理事上的負擔。這是一項關乎家人和個人尊嚴的重要決策，值得在健康時期認真考慮和規劃。

喪禮是表達對逝者的敬意和哀悼的一種方式，以確保逝者得到尊嚴的告別，同時也讓參與者感受到安慰和慰問。

在選擇葬禮和墓地時，考慮你的財務狀況以及願意支付的費用，做好預算安排。如果你有特定的宗教信仰，可選擇符合你信仰的殯葬方案，例如傳統的土葬方式或者火化後的骨灰安葬方式。你可預先觀看墓地位置和風景，選擇一個你喜歡的地方，例如山區、海邊或者公園，也可選擇單獨的墓地，或者與家人共用一個墓地。喪禮安排還涉及到葬禮儀式、服飾、紀念品等各種方面的考慮。這些細節的選擇和安排可以根據家族的傳統、宗教信仰和個人喜好來進行。建議向當地的殯儀館諮詢，以確定最適合你的預算和需要的方案。

及早的殯葬安排可以幫助家人在辦理後事方面更加順利。遺留下明確的指示可以幫助家人組織葬禮和處理相關費用，例如選擇殯儀館、聘請主持人、訂購花圈和紀念品等。透過明確的指示，你可以確保你的意願得到尊重，並且可以減輕家人在悲傷中的負擔。

當你離世時，家人可能處於悲傷和壓力之中。如果你能事先訂立殯葬安排，家人就不必面臨做出這些重要決定的壓力，讓家人可以專注於悲傷和悼念的過程。

Step 7. 更新聯絡名單

為了確保在重要時刻，親友能夠及時收到有關病危或離世通知，請列出你的親友名單。

列出你想讓他收到死亡通知的親友名單，包括你的家人、親戚、朋友、同事和其他人。定期更新親友清單及聯繫方式，包含地址、電話號碼和電子郵件，讓家人可以在需要時及時通知他們。可告訴親友，他們已經被列入你的通知清單中。

無憂生活篇

Step 8. 物品斷捨離

萬般帶不走

整理物品、斷捨離是一個重要的準備工作，它可以幫助你保持整潔、簡約的生活方式，減輕家人的負擔，同時也可以幫助你釋放過去，開始更輕鬆的終活新階段。

整理物品和斷捨離是一個持續的過程，建議定期檢查你的個人物品清單，並根據你的需求和實際情況丟棄或轉售一年到三年以上未使用的衣服、飾品和收藏品等，以減少不必要的負擔。你可考慮將其他不需要的物品捐贈給慈善機構或其他需要它們的人。這不僅可以回饋社會，同時也可為你帶來心理上的滿足感。

定期整理物品和斷捨離，讓我們保持簡約的生活方式，讓物品服務於我們的需求，減少過度擁有的負擔。這種生活方式可以幫助我們更好地管理和組織我們的環境，同時提高心靈的寧靜和平衡。

● **以下是一些實踐簡約生活方式的建議**

1. 定期整理：定期檢查和整理家中的物品，將不再需要或用不到的物品清理出去。
2. 斷捨離原則：斷絕不需要的東西、捨去多餘的廢物，以及離開對物品的執著。這意味著選擇保留真正重要和有價值的物品，同時清空不必要的物品，並透過捐贈、出售等方式回收資源，確保它們能夠繼續被珍惜和使用。

3. 精選收藏：專注於收藏那些真正喜愛和有意義的物品，避免過度收藏和累積。

4. 質量超越數量：選擇高品質的物品，注重物品的功能、耐用性和美感，而不是追求數量和潮流。

5. 消費意識：在購買新物品之前，反思真正的需求和價值，避免衝動購物和浪費資源。

6. 整齊有序：保持家中的整潔有序，避免物品堆積和混亂，讓環境煥然一新，提升生活品質。

7. 尋找其他樂趣：尋找其他能帶來滿足感和快樂的活動，不僅僅依賴物品來填補內心的空虛。

透過定期整理物品和斷捨離，我們可以營造一個簡單、輕鬆且富有意義的生活。讓我們將精力和注意力放在真正重要的事物上，並享受這種簡約生活方式帶來的自在和滿足感。

以下是一個可能的時間原則參考

三年沒有使用的物品：如果某個物品在過去三年內沒有被使用過，可以考慮直接捨棄或以其他方式處理，以避免物品的積累和浪費空間。

一年內使用過的物品：如果某個物品在過去一年內有使用過，但使用頻率相對較低，可以將其列入觀察名單。觀察名單上的物品可以再給予一定的時間觀察，如果在未來一年內仍然沒有使用，則可以考慮捨棄或其他處理方式。

整理遺物分類

- □紀念品：包括具有情感價值或紀念價值的物品。
- □重要文件：例如遺囑、保險單、房產證明等重要文件。
- □財務文件：銀行帳戶、投資文件、稅務文件等。
- □個人物品：衣物、首飾、收藏品等。

最後，請將需要留下的物品數量限制在一個小箱子內，並在箱子上寫上「移往天堂」。

Step 9. 實現最終目標

花些時間反思自己的人生，思考自己最想做的事情和最想去的地方。不要限制自己的想像力，儘可能將所有的想法都列出來。

列出的所有想法逐一比較，選擇最重要的幾個，然後將它們轉化為具體的最終目標。例如，如果想去歐洲旅行，最終目標可能是在某個特定的城市度過一段時間。

制定實現最終目標的計劃，包括節省資金、安排旅行、學習新技能等。確保你的目標是具體、可行的，並且具有明確的時間表和計劃。

盡最大努力去實現你的最終目標。這可能需要一些時間和努力，但如果你堅持不懈地追求自己的目標，最終一定會實現，並活出你的人生意義與價值。

Step 10. 終活筆記

創建終活筆記，旨在方便記錄你的意願和所有重要訊息，透過十個終活相關的實踐步驟，引導你計劃並實踐終活。這份筆記並非正式的法律文件，不受遺囑或醫療指示書的規格限制，僅供記錄使用，並為家人提供臨終安排與辦理後事的參考，因此你可以放心自由書寫。

這份筆記涵蓋多個方面，包括治療意願、資產資訊、財務策劃、殯葬安排、親友通訊名單等，可能涉及大量個人資料和隱私，如電話號碼、手機和社交媒體密碼、銀行帳戶和密碼等。請妥善保管並告知信任的家人或朋友筆記的存放位置，以確保資訊的安全性。為確保筆記能真實反映你最新的意願和需求，建議適時更新，至少每年一次。

此外，該筆記更是一本寶貴的紀念冊，留給你和家人珍藏回憶的寶貴遺產。它將見證我們人生旅程的終章，就像在墓碑上留下的痕跡一樣，展現生命的真實和美麗。願這份筆記見證我們的思考、感激和成長，為我們的人生增添深度和意義。

讓我們開始訴說故事吧……

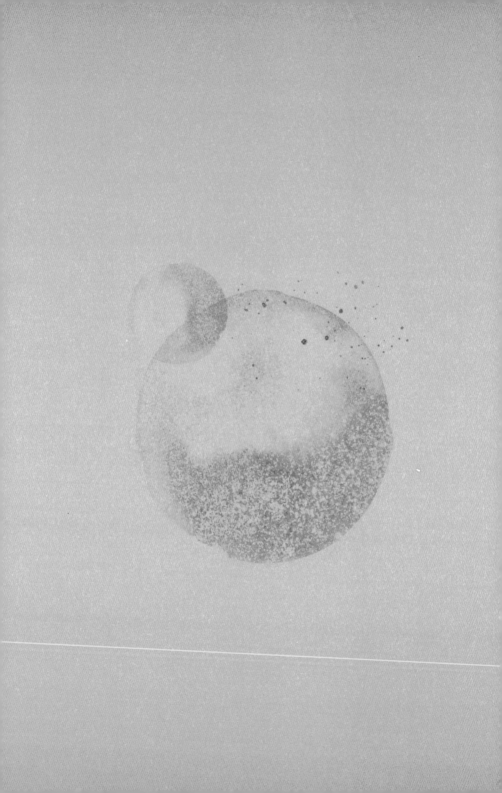

讓終活筆記，
成為我們記錄人生旅程的見證吧！

第三部分

最終醫療方案

當生命接近尾聲，

個人的生死存亡已不是唯一的考量。

選擇最終醫療方案的困難

「最終醫療方案」通常指在病情已經到達末期、無法逆轉的情況下，病患生命已接近尾聲，為了減輕病患痛苦和維持其生命品質，由醫療團隊提供的治療方案。可能包括延續生命治療、緩和醫療或安寧療護等，而最終決定則通常由病患或其家屬做出。

選擇「最終醫療方案」是一個非常困難的決定，因為此時患者的病情已經到達末期、無法逆轉，在這個時候，患者和家屬需要面對很多困難的選擇，例如是否要接受延續生命治療、是否要轉換為緩和醫療、是否要尋求安寧療護等等。

這些決定不僅涉及個人的生死存亡，還需要考慮到家庭、社會、宗教等多方面的因素，因此選擇起來非常複雜和具有挑戰性。在這個時候，重要的是要充分了解自己的價值觀和期望，並與醫療團隊和家人溝通和協商，以做出最適合自己的決定。建議患者和家屬可以向醫療團隊提出問題，了解不同治療方案的風險和效益，同時也可以考慮諮詢宗教或心理輔導員等專業人員的建議。透過充分的溝通和探討，患者和家屬可以更好地理解自己的處境，並做出更明智的決定。

選擇醫療方案會遇到哪些困難？

錯誤認知與想像

有些病人對治療方法存在錯誤的認知和想像，可能會因此做出不適當的決定。例如，罹患癌症的病人可能不願接受化療，因為他們看到親友接受化療後仍然惡化，甚至因為副作用而痛苦地死亡。但事實上，許多痛苦的死亡，例如癌症末期，大多數不是因為接受了化療，而是因為生命在最後階段時出現的身體症狀沒有得到適當的照顧。

疾病變化的歷程相當多元，治療潛在的風險也很難估量，因此選擇醫療方案往往是非常困難和複雜的決定。有時，甚至可能出現醫療意見不一致、互相矛盾的情況，而來自多方的不同意見，還可能會對主治醫生構成壓力並干擾其做出最正確的判斷。

因此，在選擇最終醫療方案時，病人必須正確了解和對比各種治療方案的利弊，整合意見並做出取捨。主治醫生必須清楚了解，在任何情況下病患希望得到什麼樣的幫助，以及什麼樣的生活品質和自主尊嚴是病患無法忍受的底線。

● 做錯選擇怎麼辦？

選擇治療方案後，如果狀況沒有改善，甚至持續惡化，病人和家屬可能會質疑自己是否做出了錯誤的選擇。如果「早知道」結果會是這樣，他們肯定不會做這樣的決定，因此想著「為什麼是我們做出了這個決定？」這樣的疑問常常在心中產生。

然而，在面對這樣的困境時，我們必須理解，選擇治療方案並非易事。當時的情況可能非常複雜，我們只能根據當時掌握的信息和醫療專業建議做出判斷。沒有人能預知未來的結果，包括醫生和病人本人。

在這樣的時刻，病人需要給予自己寬容和理解。我們是人類，犯錯是不可避免的。重要的是，我們試圖做出最好的選擇，基於當時的情況和我們所了解的訊息。即使結果並不理想，病人也不能將責任完全歸咎於自己或任何人。同時，病人也應該尋求支持和理解。與家人、朋友或專業醫療人員交流，分享自己的擔憂和困惑，可以幫助病人釋放壓力並找到更好的解決方案。旁人們的支持和意見可以幫助病人重新獲得信心和方向。

誰來做決定？

在面臨治療決定時，家人常常陷入極度的困境。很多時候，病人已經陷入六神無主的狀態，希望家人能夠代為做出選擇或最終決定，但家人常常因為不了解病人的真實感受和對生命的價值觀，而擔心做出錯誤的決定。一旦做出錯誤的抉擇，不僅會對病人帶來傷害，同時也可能使決策者終身背負內疚。

這種涉及生死的抉擇困境並非僅僅是簡單「放手」或「不放手」，而是決定的結果帶來多種不同程度和性質的痛苦，這些痛苦更是難以衡量和比較的。因此，那些沒有親身經歷過困難決定的人應該避免對他人的選擇進行殘忍的批評，而是應該以同理心去體諒別人的艱難和情感。即使持有不同的觀點，也需要絕對尊重別人的決定，並提供支持。

通常情況下，家人都希望繼續進行一切對病人生理狀況有可能改善的治療。然而，讓病人繼續忍受毫無意義的延續生命治療，是一種不應該犯下的錯誤。這種錯誤不僅徒添病人的痛苦，還可能加速病人的死亡。

醫療人員在判斷是否撤除維生設備時，必須確保病情明確、病人的權益不受損害，並尊重病人對醫療和照顧的意願。儘管這樣的醫療程序可能相對冗長，但絕不能匆促或草率做出決定。

另一方面，假設病人選擇撤除維生設備，可能是因為希望減輕痛苦、不想成為家人的負擔，甚至是不願面對身體逐漸流逝的感覺。這些都是可以理解的人之常情。

試想像一位病人正在忍受極度疼痛的折磨，醫生已經竭盡全力，但治療效果微乎其微。在這樣的情況下，病人寧願選擇放棄維生設備，結束疾病帶來的痛苦，不僅是為了自己，也是為了不讓這份痛苦影響到所有關心他的人。他不願看著家人痛苦地目睹他苦苦掙扎，也不希望讓他們長時間承受沉重的心理壓力。此外，他可能也不想面對自己逐漸失去器官功能的痛苦現實，看著身體的每個器官逐一衰壞。

如果是這樣，選擇勇敢地放手是否比出於不捨的堅持來得更加慈悲？放手是否更順應了萬物生死有時的自然規律？對於家人來說，放手並不表示他們不關心、不愛護，而是在適當的時候承認現實，尊重病人的意願和尊嚴。這樣的決定可能需要冷酷的理性，但卻能讓家人們在最後的時刻感受到安寧和寬容，並保留美好的回憶。

在臨死過程中，病人進入一種無法控制、只能等待的無助狀態，同時面臨死亡的必然到來，卻不知道何時會降臨。家人應盡力減輕病人的不適，並承擔即使做出錯誤決定的責任和懊悔，陪伴病人在這個黑暗深淵中同行。也許病人的痛苦有著無可替代的意義，照顧者需要超越自己的不捨，而不是轉身離去，讓病人獨自面對。與病人一起奮鬥，共度所有的艱難，一同努力的過程遠比結果重要。

病人知曉病情的重要性

應該如實告知病人其真實病情嗎？這樣做是否會影響病人的士氣，

讓病人更加擔心，甚至產生自殺念頭？

告知真實病情一直是一個艱難的決定，也是一件很難啟齒的事。因為過於迅速和直接的病情說明可能引起病人過度的反應，增加家人的焦慮。此外，大多數人認為告知真實病情會打擊病人的士氣，使病人情緒低落、喪失信心，因此他們選擇拖延或隱瞞病情和預後情況。但這是病人的生命，沒有任何人有權力替他們做決定。告知病情可以讓病人做好心理和生理的準備，讓他們可以把握時間完成心願，最大程度地減少遺憾。

研究發現，病人實際上希望知道他們的病情，並覺得這樣有助於穩定情緒。在了解清楚的情況下，末期病人可以明確指示自己最後的生命路程，更願意面對自己的善終安排。因此，病人往往更有勇氣和能量去面對疾病帶來的挑戰，也更願意接受治療。病人因知曉病情而擁有更堅定的心情，憂鬱和焦慮的情況也大幅減少。

疾病所帶給病人的不適感受與負擔，病人自身最清楚。當病人感受到身體狀況異常，而家人與醫生避而不談或私下交談，這會使病人對治療訊息一無所知，臆測不安。在充滿不確定感的情況下，「不清楚、不知道」只會讓人聯想到各種恐怖的情節，對病人的身體與心理都非常不健康。不確定感容易造成焦慮、恐慌、憤怒與不安，反而讓病人的照顧與恢復變得更加困難。此外，給予病人不實的鼓勵並不會增加病人信心，反而會讓病人白白地盼望一個根本就不存在，甚至與實際狀況相反的期待，這也會加重病人的挫折感。

事實上，隱瞞病情只會讓病人更加混亂。許多病人就是因為被刻意隱瞞而做出錯誤的決定，進一步加劇他們的困境。同時，家屬也不得不在病人一次次的追問中逃避，這將耗盡他們的身心力量。

透過坦誠溝通，病人能夠具體而準確地表達自己對照護方式的偏好，這種溝通也有助於加深病人和家人之間的心靈連結，讓他們在艱難時刻共同努力、共渡難關。只要以適當的方式逐步告知病人未來的計劃和自己的偏好，就能讓病者參與並掌握自己的生命。

維生醫療

隨著現代醫療科技的進步，醫護人員可以在病人面臨死亡時提供多種維持或支持病人生命的醫療措施和治療方法，稱為「維生治療」。這些治療方法通常應用於重症病人或患有嚴重疾病、器官衰竭或慢性疾病的病人。一旦撤除這些維生儀器，病人的生命往往無法繼續維持。

維生醫療的目的是提供必要的支持和治療，以維持生命的基本功能及延長病人的生命。這包括在緊急情況下使用心肺復甦、氣管插管和人工呼吸等方法，以維持呼吸和心跳功能。此外，維生醫療還涉及提供血液製品（輸血、血小板、血漿）、營養支持（鼻胃管灌食）、輸液、透析（洗腎）和藥物治療，以確保病人的身體正常運作。

然而，值得商榷的是，這些維生治療方法並不能治癒疾病本身，有時甚至可能會造成身體傷害為病人帶來痛苦。因此，需要仔細考慮維生治療的實際意義。延長病人生命的盲目努力是否可能導致病人痛苦的無限延續？這是否符合病人的意願和生命價值觀？

在面臨這些問題時，家屬和醫療團隊需要進行充分的討論，以確定所採取的治療方式是否符合「病人最佳利益」。這涉及到平衡病人從治療中可能獲得的利益和可能遭受的傷害、痛苦和困擾。

什麼情況下可以不提供或撤除維生治療？

在某些情況下，維生治療可能並非唯一或最佳的選擇。例如，當病人的身體狀況持續惡化，維生治療無法有效緩解症狀，反而可能引發更多併發症和痛苦時，我們需要仔細考慮病人的最佳利益，並決定是否提供或撤除維生裝置。以下是一些可能情況：

1. 無法治癒或改善的疾病：當病人的疾病已達到無法治癒或無法有效改善的程度時，維生治療恐怕無法帶來顯著的幫助。這種情況可能包括重度器官衰竭、晚期癌症或多重器官功能衰竭等。

2. 病人的意願：如果病人在醫療指示或預先制定的醫療護理計劃中，明確表達了不希望接受維生治療的意願，醫療團隊應該尊重這些意願。這可能包括提前撰寫的不施行心肺復甦（DNR）指示或生前護理計劃。

3. 無預期的治療效果：如果經過適當的治療時間後，病人的病情沒有顯著改善或持續惡化，考慮不提供或撤除維生治療也是可行的選擇。這種情況下，醫療團隊可能會綜合考慮病人的預期生活品質、治療效果和可能的風險。

4. 不可逆的腦部損傷：在出現嚴重且不可逆的腦部損傷，如腦死亡或重度昏迷的情況下，繼續提供維生治療可能無法符合病人的最佳利益。醫療團隊可能會與家屬討論撤除治療的選擇。

如果病人不清醒又或無法表達自己的意願，不提供或撤除維生治療的決定將會變得十分困難。醫護人員和家屬需要依據病人的最佳利益做出決策。在這種情況下，可以考慮以下因素來推斷病人的最佳利益：

1. 家屬和照顧者的意見：聆聽家屬和照顧者的觀點和關注，了解他們對病人的了解程度和關係，他們是否理解病人的價值觀，以及他們對病人的期望。
2. 病人的價值觀：探究病人的價值觀和信念系統，以及他們對治療和維生治療的態度。例如病人曾在健康狀況良好時，表示過在嚴重疾病或無法恢復的狀況下，不希望接受過度延長生命的治療。家屬和醫護人員可以參考這份事先表達的意願，並將其視為病人的最佳利益的重要指標。

3. 文化和宗教信仰：考慮病人所屬的文化和宗教信仰，這些因素可能會影響他們對生命和死亡的看法，並對治療決策有所指引。假設病人是一位有著虔誠宗教信仰的人，並且他的宗教信仰強調尊重生命的神聖性，同時也重視病人的自主權。這種情況下，家屬和醫護人員可以參考宗教教義和價值觀，以了解病人對於生命和死亡的觀點。他們可以與病人的宗教領袖進行溝通，以了解該信仰如何指導對待病人的治療。

因此，在身體健康、精神狀態良好的時刻，我們可以坦誠表達自己對治療的意願，最好是預先制定有關維生治療的醫療指示，這樣可以大大減少家人和醫護人員的困境和不必要的痛苦。

撤除維生治療＝安樂死？

撤除維生治療並不等同於安樂死，兩者的關鍵區別在於意圖和方法。撤除維生治療是指停止或拒絕提供已經開始的醫療，其目的是讓病人自然逝世，而非刻意加速其死亡。這是基於醫學評估和病人的意願，醫療團隊與病人共同做出此決定。相較之下，安樂死是有意地使病人進入死亡狀態，目的是減輕病人的痛苦和苦難，通常透過給予致命藥物或其他方法實現。安樂死在大部分地區是非法的，因為蓄意殺害病人被視為刑事罪行，同時在道德和倫理層面上也會引發許多爭議。

當瀕臨死亡的病人不再受益於維生治療時，撤除這些治療並不等同於安樂死。持續提供無效的治療只會增加病人的痛苦，實際上成為一種另類的折磨。在這種情況下，轉向提供緩和醫療可能更為適當，因為病人需要的是能夠在平靜和寧靜的環境中離世。

緩和醫療

「緩和醫療等於放棄治療或等死？」這是一個常見的誤解。

「緩和醫療」（Palliative Care）是一種專門針對末期病人與家屬的照護，旨在協助他們度過困難時期，提高生活品質，並不是放棄治療或等死。它的核心價值在於必須符合受照顧者的期望，並保持舒適愉悅的生活素質，而不是生命的長短。即使死亡迫在眉睫，仍然會盡一切努力幫助病人安然逝去，讓病人能夠以最適切的照護方式度過生命的最後階段，達到舒適和有尊嚴的死亡。

許多得了不治之症的病人，根本不知如何面對隨時可能降臨的死亡，有的寧願選擇預先編寫自己的死期與死法，也不想如扯線木偶般任由死神隨意擺布。無常的等待讓他們感到極度無助、無望。有些病人為挽回最後的生命主導權，不惜走上自殺的絕路。有些病人甚至向醫生請求：「打一針讓我死去吧！」其實他們根本不想死，而是身心遭遇極度的痛楚，唯一能夠想到的解脫方式，就是死亡。

有些時候，病人最害怕的並不是死亡，而是自己在臨終的過程中，失去尊嚴與自我控制的能力。在面對末期疾病時，緩和醫療能夠提供病人最大的自主權，確保病人能夠以自己的意願和方式度過最後的日子。

接受緩和醫療的病人可以獲得一系列的照顧，包括緩解症狀、關心情緒、身體照顧、提供疼痛管理、控制呼吸困難、提供社會支持、協助釋放病人和家屬的壓力等。緩和醫療的目標是讓病人能夠以最舒適的方式度過餘生，同時讓家屬參與照護，減輕照顧者的負擔，為整個家庭帶來安寧和平靜。當被宣判醫療無效或不能延長生命時，緩和醫療可能是病人最好的選擇。

緩和醫療不是一種特定的治療方式，而是一種綜合性的照護，旨在幫助末期病人和家屬面對生命的最後階段，提升末期病人和家屬生活品質的全人照顧，是一種世界各地都在努力推廣的臨終照顧理念與模式。任何身患重病、面臨末期的病人都可以接受緩和醫療，包括癌症、漸凍人、腦心肝肺腎等重大器官末期衰竭等疾病。在緩和醫療中，病人可以繼續接受治療，同時也可以得到緩和照護的支持。

何時開始進行緩和醫療？

根據研究，緩和醫療越早進行，不僅可以延長病人的壽命，同時也能夠提高他們的生活品質。即使時間緊迫，緩和醫療仍然會遵循病人對生活品質的期望，逐步調整照護方式，並以病人的感受和想法為依據，共同制定符合病人期望的臨終生活計劃。

人生的最後階段是非常重要的時刻，可以是靈性成長、心願實現、轉化升華、關係和解、平靜圓滿的機會。在家人的陪伴下，病人可以在熟悉的環境中度過這個時期，減少被孤立和遺棄的感覺，有助於穩定情緒和緩解症狀。在精神和體力允許的情況下，病人可以透過與心理專家的交流，進行生命的整合、關係的修復、生命意義的肯定，進一步實現心願，完成人生的四道關鍵步驟：感恩、道愛、道歉、道別。

緩和醫療的四種照護

●全人照護

傳統的醫療方法常僅關注病患的身體需求，然而對於末期病患而言，他們需要的是身、心、靈的全方位照顧。因此，除了關注病患身體上的症狀和疼痛外，也應該照顧他們的心理、靈性以及與家庭相關的問題。這種照顧是個人化的全人照護。

• 家庭照護

當末期病患走向生命盡頭，面對家人的最後旅程時，家屬可能會面臨各種問題和衝突。因此，除了照顧病患本身，也需要處理好家屬在照顧期間出現的身體、心理、情緒等問題。

• 全程照護

照顧從病患接受緩和醫療開始，一直延續到病患生命的終結。此外，還需要關注家屬的悲傷輔導，以減輕他們因親人離世而帶來的創傷，並幫助他們重新適應生活。因此，這被稱為全程照護。

• 多專業團隊照顧

這是一個由多位接受專業訓練的人員所組成的工作團隊。團隊成員包括醫師、護理師、社工、義工、營養師、心理師、宗教人員等，以滿足病患的各種需求。透過跨學科團隊的合作，可以早期檢測、評估和適當處理病患因疾病而產生的身體、心理和靈性問題，以達到預防和減輕病患的痛苦。

不同地區的緩和醫療

醫療的發展在不同地區有所不同。在臺灣，安寧醫療是亞洲區內發展最成熟和完善的地方之一。根據《安寧緩和醫療條例》和《病人自主權利法》，病人可以在意識清楚的時候，與家屬和醫療人員共同討論，充分了解治療選擇，並預先制定「醫療指示」，以確保善終的安排。病人有多種選擇，包括安寧病房、共照照護和居家治療。在某些情況下，如果病人仍在接受治療或不願意轉移到安寧病房時，安寧醫師和護理師仍然可以前往病房，和病人的主治醫師一起討論最適合的治療方式。

相比之下，香港的緩和醫療（紓緩醫療）發展相對不成熟。儘管已納入公共醫療系統，但全港只有十六間緩和醫療中心和腫瘤中心提供服務，而床位亦只有三百多張。實際上，緩和醫療所需的醫療設備較少，因此建議提供更多的居家照顧方案。在馬來西亞，緩和醫療的發展也面臨著一些挑戰。儘管政府於二〇一九年頒布了《終末期照護政策》，鼓勵和支持發展緩和醫療，但這方面的資源仍然不足。緩和醫療服務主要集中在大城市和醫院，而在偏遠地區和鄉鎮則缺乏相應的服務和資源。

無論在哪個地區，緩和醫療的發展都需要更多的資源和支持。醫院應加強提供居家緩和醫療的服務，讓醫師、護理師、義工等有機會到病人家中探望、調整藥物、提供日常照顧的建議等，讓家屬可以更有信心地在家中照顧患者，同時增加病人可以在自己家中生活的時間，讓他們可以在最自在的地方和家人相處。

此外，也需要進行更多的宣傳和教育工作，讓公眾了解緩和醫療的真正意義和價值，並提高對緩和醫療的接受度和支持。政府、醫療機構、社區組織和公眾應該共同努力，提高相關資源的分配和使用效率，讓更多的病人和家屬能夠受益於緩和醫療。

緩和醫療和安寧照護的分別

在不同的地區和組織中，對於瀕臨死亡病人的照護可能使用不同的術語。緩和醫療（Palliative care）和安寧照護（Hospice care）是兩種提供照護的選擇，雖然它們有相似之處，但在一些方面有一些重要的區別。

緩和醫療是一種面向嚴重、慢性和不可逆轉的疾病的照護方式。它的目的是提供對病人的全面關懷，包括身體、心理、社會和精神層面的支持。緩和醫療的目標是改善病人的生活品質，並在疾病發展到不可治癒的階段，提供症狀和疼痛的緩解。緩和醫療可以在疾病的任何階段提供，可以與治療一起進行，並且並不要求病人放棄治療的選擇。

安寧照護則是一種專為末期病人提供的照護形式。它提供全面的醫療、症狀管理和心理社會支持，旨在使病人能夠在家庭、醫院或安寧照護機構中，以最大程度的舒適度並能維持尊嚴地度過最後的日子。安寧照護通常在醫生確定病人的預期壽命為六個月或更短的時間後提供，並且通常意味著病人停止接受治療，專注於緩解症狀和增加舒適程度。

舉個例子，當一位患有晚期癌症的病人需要照護時，緩和療護團隊主要關注疼痛和症狀管理，提供疼痛控制、症狀緩解和提高生活品質的治療。他們還提供心理社會支持，以幫助患者和家人處理情緒和心理壓力。而安寧照護團隊更加注重家庭和病人的舒適度。他們派遣照護人員到病人的家中，提供日常生活援助，包括專業的疼痛管理、傷口護理、定期更換體位以減輕壓力，以及提供舒適的床墊和床上用品。他們致力於最大程度地提升病人舒適度，確保病人在家庭環境中舒適地度過最後的時光。

思考最終醫療方案，
重新審視自己的價值觀與期望。

第四部分

臨終安寧照護

生命的終結並不是一個可怕的事實，
而是一個自然的過程。

斷食善終

若有一天自己年老體衰、患上惡疾，我是否可以選擇不插管、不急救、不接受鼻胃管灌食，以斷食作為結束生命的方式呢？

斷食的由來與演變

「斷食」是指停止進食，僅攝取水分。在古老的文化和宗教信仰中，斷食一直存在，並被視為淨化心靈和身體的修行方式。例如，在佛教中，僧侶禁食是精神修行的一種形式；在印度教中，自願放棄食物和水被視為超脫物質身體並獲得靈性解脫的途徑；道教經典中也有相關記載，修道者在特定時期停止進食固體食物，只攝取液體、果汁或輕食，並遵循特定的飲食規範和時間表，這種修行方式稱為辟穀。

斷食作為一種改變飲食模式的方法，近年來在健康和福祉領域引起了廣泛的關注。然而，斷食並不僅僅是一種控制體重或改善飲食習慣的手段。對於某些人來說，斷食也被視為一種探索身心靈平衡的方式，甚至變成是善終的方法。

當我們進行斷食時，我們停止攝取食物，讓我們的身體有機會進行自我修復和再生。這種自我修復的過程不僅包括身體上的清理，還包括心靈和情感層面的清理。斷食可以幫助我們擺脫過去的負面情緒和思緒，讓我們更加平靜和冷靜地面對自己的內在世界。

在斷食的過程中，我們也可以更加深入地思考生命的意義和價值。

斷食使我們暫時抽離了日常的生活瑣事和雜念，讓我們有機會更加專注地思考自己的人生旅程。我們可以問自己一些重要的問題：我們為什麼活著？我們想要在這個世界上留下什麼樣的足跡？我們對自己和他人有什麼樣的責任和義務？這些問題的回答可能會幫助我們找到更深層次的生命意義，並為我們的人生目標和價值觀提供指引。

透過斷食，我們可以體驗到飢餓的感覺，並意識到我們是多麼依賴食物以及渴望生命的延續。這種經驗可以讓我們更加珍惜生命的每一刻，面對死亡也能夠更加平和與接受。斷食幫助我們理解死亡是生命不可避免的一部分。我們開始明白，生命的終結並不是一個可怕的事實，而是一個自然的過程，我們應該以平靜和尊重的方式面對它。

斷食能帶來善終嗎？

「善終」意味著以有尊嚴、平和和舒適的方式結束生命，讓人能夠「好走」。

在過去，人們對於生命和死亡的處理方式與現代社會有所不同。在沒有現代醫療科技的時代，照顧者無法使用輸液或插鼻胃管餵食等維生技術，因此他們必須依賴傳統的烹飪方式來應對生命末期的飲食需求。

照顧者會藉由將食物磨碎或切碎，並煮成糊狀或以湯水的方式，以便病人能夠輕鬆吞嚥。這種方式可以提供病人所需的營養，同時減輕他們進食時的困難和不適。但由於臨終病人的吞嚥及消化功能逐漸惡化，他們的進食量會隨之逐漸減少。最終，病人可能會自然地停止進食和飲水，進入斷食狀態。這可能是由於身體無法再處理食物和水分，也可能是因為病人自主選擇停止進食，以接受死亡的到來。

這種在生命末期自然停止進食和飲水的情況，可以被視為斷食善終的初始概念。斷食所帶來的善終，指的是透過斷食和脫水的過程，使身體耗盡營養，就像電力即將耗盡，全身機能逐漸減緩，呼吸變弱、血壓下降，最終寧靜地離開人世。根據日本中村仁一醫師在《大往生》中的描述，斷食和脫水導致身體營養耗盡，這會引發大腦分泌嗎啡。嗎啡的分泌被認為能使人進入昏迷狀態，減輕痛苦，實現平靜的離世。臺灣的畢柳鶯醫師在新近出版的《斷食善終》中也提倡，採用斷食是最自然，痛苦最少的死亡方式。

斷食善終的不同演繹

當以斷食作為結束生命的方式時，這是一個複雜而敏感的議題。斷食善終從定義到執行都存在各種不同的解讀。僅僅是「斷食」二字就可能引發人們對斷食的方式、方法和時間點的不同詮釋。

斷食善終的具體方式會因個人價值觀和文化背景而有所不同。有些人可能認為斷食應該是完全停止進食和飲水，以自然的過程結束生命。

而其他人可能更傾向於逐漸減少飲食量，以緩解症狀並提供舒適的末期護理。此外，有些人可能誤以為斷食是一種自然療法，能幫助病人實現無痛善終的效果。

執行斷食的時間點也是另一個疑問。有些人可能希望在疾病進展到無法忍受的階段時才進行斷食，而其他人可能更傾向於在病情穩定或症狀可控的時候就進行斷食。

所以，斷食善終的複雜性完全被低估了。

斷食的結局是死亡，卻未必等同善終

或許是因為人們低估了斷食善終的執行難度，並誇大了其好處，導致許多病人和家屬將其視為安寧照護的最佳方式。然而，斷食善終並不被視為安寧照護的一種方法，兩者的核心概念也有所不同。

斷食善終的執行目的是提早讓病人結束生命，以死亡為唯一目標。但這樣的做法並不符合安寧照護的價值觀和原則。

在斷食善終中，病人有意識地主動停止進食，試圖切斷所有營養供應，以加速身體器官衰竭，從而促使死亡的到來。然而，安寧照護的核心價值在於尊重生命和疾病的過程，並致力於確保病人在末期護理中獲得舒適和尊重。安寧照護並不追求加速或延緩死亡，而是希望讓病人以自然方式離世。

在安寧照護中，醫護人員會根據病人的身體需求和消化吸收功能，調整進食和飲水的方式。即使病人無法進食，仍然可以透過鼻胃管等方式補充所需的營養。實際上，當生命走向末期時，病人的進食和消化能力會自然地下降，最終無法有效消化吃進的大部分食物。若繼續進食或灌食，這將對身體造成沉重負擔。更適當的做法是根據病人的身體需求和消化吸收能力，逐漸減少營養和水分的供應，最終幾乎不再提供。這種方式在安寧照護中非常常見，比故意斷食更符合情理。

我們應該拒絕的是過度的醫療干預，而非盲目相信或否定任何一種醫療方式。重點在於如何正確使用醫療，若不當運用，即使立意再良好，都有可能變成有害的毒藥。在生命即將結束之前，進食與否並非善終的核心要素。善終的關鍵在於適當地進食或斷食，因此，斷食可以作為善終的方式，但並不意味著一定能夠實現善終。

斷食善終的執行程序

斷食善終的每天餵食次數可以根據病人的需求和醫療專業人員的建議而定。以下是一種常見的餵食次數逐漸減少的示範程序：

1. 通常情況下，每天的餵食次數從六次開始。
2. 第一、二天，將每天的餵食次數減少一次，即每天只進行五次餵食。

3. 第三、四天，每天的餵食次數再次減少一次，即每天只進行四次餵食。
4. 第五、六天，每天的餵食次數再次減少一次，即每天只進行三次餵食。
5. 第七、八天，每天的餵食次數再次減少一次，即每天只進行兩次餵食。
6. 繼續下去，每兩天減少一次餵食次數，直到最後只進行一次餵食。
7. 最後，停止所有餵食，只提供少量的水分。

在示範程序中，病人每天的餵食次數逐漸減少，以讓身體逐步適應減少的食物攝入量。水分供應也相應地減少。這樣的減量過程可以幫助病人逐漸進入斷食狀態，並減少不適感。

拔除餵食管的時間點通常是在病人進入完全斷食狀態後的數日至數

週之間，具體取決於病人的身體狀況和醫療團隊的評估。預計病人在一到數週內可能會離世。然而，這是一個非常個人化和不確定的過程，每個人的情況都不同。

在完全斷食期間，醫療專業人員會密切監測病人的身體狀況、疼痛和不適感。他們會提供舒緩病人疼痛和不適的藥物和護理。斷食善終最好在家中執行，這樣病人可以在最熟悉的環境中走完最後一段旅程，同時家人也可以好好陪伴。值得注意的是，目前許多醫院的安寧病房或一般安養中心可能不接受斷食善終的病人。

斷食後可能出現的徵狀

1. 口渴和飢餓感：由於長時間不進食，病人可能會感到極度口渴和飢餓。

2. 意識混亂：長期斷食可能導致腦部功能受損，病人可能出現意識混亂、迷惑和譫妄，甚至幻覺出現，病人可能看到聽到不真實的事物。

3. 呼吸變化：接近死亡時，呼吸可能變得淺快且不規則。病人可能出現呼吸困難、呻吟、發出瀕死的嘎嘎聲等症狀。

4. 體溫和臉色改變：病人接近死亡時，體溫可能下降，臉色和四肢的顏色也可能出現改變。

5. 極度疲勞和虛弱：身體長期缺乏營養和能量供應，病人可能感到極度疲勞和虛弱。

6. 癲癇和抽搐：嚴重脫水和電解質失衡可能引發癲癇和抽搐。

斷食善終是一個過程，並沒有確切的時間，它可能需要數週甚至一、兩個月的時間執行。在這過程中，因為口渴、飢餓、極度虛弱等症狀，病人可能會對自己的決定是否正確產生懷疑（包括本人和家屬）。

當病人斷食到最後階段時，可能會因為一些生理改變，例如嚴重低血糖而陷入昏迷。這時病人不再感受到痛苦。需要強調的是，斷食善終應該在醫療專業人員的指導下進行。請與醫療團隊進一步討論，以確保病人在斷食善終過程中得到適當的支持和護理。

說易行難的斷食善終

當執行斷食善終時，病人及家屬可能面臨著許多內心的掙扎和矛盾困難。這些困難可以歸納為以下幾個方面：

1. 道德和宗教信仰：某些宗教和道德價值觀強調珍惜及延續生命的重要，斷食被視為終止生命，這可能與病人或家屬所信奉的價值觀產生衝突，使人內心掙扎及不安，擔心社會和他人對他們決定的評判與指責。

2. 負罪感和決策壓力：即使病人已撤除維生裝置，並根據自己的意願和病情選擇斷食善終，但當家屬目睹病人因斷食而逐漸枯乾消瘦，可能會感到後悔並產生負罪感，擔心自己的選擇是否正確，是否對病人造成傷害。

3. 焦慮和恐懼：如果是首次面對斷食善終，病人和家屬會對未知狀況感到焦慮和恐懼。他們可能害怕在斷食過程中會經歷痛苦，或者害怕不懂照顧而無法滿足病人的身心需求。

4. 家庭關係：家庭成員可能對於斷食善終缺乏正確認識，並存在不同意見和衝突，使家庭關係因此而變得緊張。

無論個人如何看待斷食善終，在做出斷食和斷水的選擇之前，有一些問題值得我們深思。我們應該如何做才能真正尊重自己、尊重他人、尊重生命？

我們應該尊重每個人的自主權和自尊，尊重每個人的意願和價值觀。在這個前提下，病人、家屬和醫療團隊攜手合作，共同努力確保病人獲得最大的利益以及最適切的照護，讓他們能夠在舒適的環境中度過最後的時光。

主動斷食＝自殺？

病人主動斷食是否會被視為自殺，以及家屬是否有觸犯「刑法」幫助自殺罪的疑慮，是一個法律和倫理上的複雜問題，也是理智與情感的糾結。

根據自殺罪的相關法律規定，即使得到被害者同意協助其結束生命，依然構成犯罪。法律禁止他人協助他人結束生命，即使在對方明確同意的情況下。這也是為什麼親屬及醫護人員不敢協助病人進行安樂死的原因。

但病人在深思熟慮後，選擇以死亡為目的進行斷食，與衝動性、報復性的狂暴式自殺有所不同。在生命或疾病的最後階段，拒絕醫療或飲食以迎接死亡，可以視為自然死亡而非自殺行為。如果病人感到後悔，也可以隨時改變決定並重新開始進食。即使病人的行為被評價為自殺，也可被視為「理性且自主地不延續生命」，而家屬也不會因此而構成幫助自殺罪。

然而，如果斷食不是基於病人的自主意願而進行，家屬可能觸犯遺棄、遺棄致死、甚至是誤殺罪。

如果病人無法表達意願、喪失心智決定能力，過去也沒有預立醫療指示，所有治療決定都必須符合該病人的最佳利益。評估病人的最佳利益時，需要考慮病人的人格特質、價值觀，以及醫療是否符合個人期望的效果，能否改善病人的生活品質等因素。這一評估需要由家屬和醫療團隊共同討論，不能僅由家屬或醫療委任代理人決定。從一般經驗來看，對於大部分長期臥床且失去心智能力已久的病人，經過臨床倫理思辨後的最佳利益確實是移除人工營養和水分。

但需要強調的是，法律和倫理規範因地區和國家而有所不同，具體情況需根據當地法律和專業意見進行評估。如果有任何疑問，最好尋求法律專業人士的建議。

嗎啡是止痛良藥還是催命毒藥？

當接近生命的尾聲時，如何可以減輕病人的痛苦？

末期病人經常會面臨疼痛和呼吸困難等症狀，這些症狀使他們難以正常生活，甚至無法入睡。在這種情況下，嗎啡的使用是減輕病人症狀的標準方法。它可以有效控制病人的症狀，提升他們的生活品質，特別是對於末期病人最常面臨的疼痛和呼吸困難等問題，嗎啡具有顯著的緩解效果。

一般大眾普遍對於嗎啡存在著許多誤解和過度擔憂。人們可能擔心使用嗎啡會導致上癮或加速死亡等問題，這樣的誤解和擔憂常常使病人忍受著疼痛和嚴重不適，而不敢使用嗎啡。此外，一些醫生對於嗎啡的應用可能缺乏經驗，甚至擔心可能引發醫療糾紛，因此不敢輕易給病人開嗎啡。

以下是一些曾經發生過的案例：

一位年長的女士被診斷出晚期胃癌，她整晚經歷著劇烈的疼痛。「讓我解脫吧！」她懇求醫生為她注射藥物安樂死。醫生為了減輕她的痛苦，給予她兩針嗎啡止痛。只是，她不幸於當晚去世。家屬對此感到十分憤怒，在醫院中大吵大鬧爭吵並指責醫生使用嗎啡導致她的死亡，並計劃要控告醫生謀殺。

一位年輕病人在一次事故中嚴重受傷，需要接受多次手術。由於手術和疼痛恢復過程中的不適，他開始接受嗎啡治療，以緩解疼痛並提高他的舒適度。過了一段時間，他的傷勢已完全康復，但他還是無法停止使用嗎啡。只要停止使用嗎啡，他就會感到曾經受傷的地方出現疼痛。

他懷疑自己因為長期使用嗎啡而染上了毒癮，並向醫生表達了強烈不滿。在他不知情的情況下，醫生將嗎啡換成了維他命，結果維他命產生了與嗎啡相同的「止痛效果」。其實，他所經歷的只是一種對嗎啡的心理依賴，害怕疼痛會再次出現，而不是真正的嗎啡成癮。

事實上，嗎啡的使用必須與病人和家屬進行詳細的溝通和解釋，澄清使用嗎啡的目的是為了減輕痛苦，而不是讓病人上癮或進行安樂死。正確使用嗎啡可以有效止痛和止喘，在醫生監控下使用，並不容易成癮。有時候，嗎啡劑量的增加是因為病情惡化和病人更加疼痛，而不是因為上癮。如果權衡之下，病人的痛苦和呼吸困難讓死亡過程更加痛苦，那麼使用嗎啡來減輕痛苦是合理的。

因此，在使用嗎啡前，必須進行詳細的溝通和解釋，以消除病人和家屬的誤解和擔憂。嗎啡並不會加速死亡，是疾病導致病人死亡，不是嗎啡。即使不使用嗎啡，病人最終還是會離開人世。

正確使用嗎啡

歐洲在止痛性嗎啡類藥物的人均使用量中，前幾名的國家包括奧地利、瑞士、英國、德國和丹麥。這些國家都非常注重生命末期照顧，因此，可以說越先進的國家越普遍使用嗎啡類藥物來幫助病人減輕痛苦。

嗎啡是一種相對安全的藥物，使用上不太會有用藥上限或過量的問題。醫生可以從少量開始，緩慢地增加劑量，同時監控病人的呼吸速率和瞳孔大小，這樣使用嗎啡是安全的。

在使用嗎啡的初期，有些人可能會出現嗜睡、噁心、嘔吐等副作用。和其他藥物一樣，嗎啡也有不良反應，例如呼吸抑制（這也是讓人誤以為會加速死亡的原因之一）、噁心、頭暈、便祕等。如果配合輔助藥物使用，就可以減輕副作用的困擾。通常在幾週內，身體就會逐漸適應副作用。

在症狀出現或持續時，必須按時服用嗎啡。如果只在疼痛發作時才使用，可能需要使用更高的劑量或等待更長的時間才能緩解症狀。

「惡病質」現象

在末期疾病患者中，惡病質現象是一種不可逆的代謝消耗症候群。這種現象通常在患有慢性炎症、癌症和非癌末期疾病的人中出現。末期疾病患者可能出現多種症狀，包括疲倦、嗜睡、憂鬱和食慾不振等。這些症狀會導致患者體力逐漸衰退，甚至降低其抵抗力。如果末期疾病患者出現進食障礙，可能導致營養不良和體重減輕，進而使病患的身體功能難以負荷，同時增加感染、栓塞、心衰竭和死亡等風險。

就以癌症惡病質為例，它是與癌症相關的嚴重體重減輕和體力衰竭狀態。這是由於癌症細胞的存在和活動對整體代謝產生影響，導致身體無法正常吸收和利用營養物質。癌症惡病質不僅體現在體重減輕上，還包括肌肉萎縮、疲勞、虛弱感、食慾不振以及身體功能下降等症狀。這種狀態的發生與癌症本身的生長和轉移、發炎反應、免疫功能異常以及代謝異常等因素有關。

惡病質現象對患者的生活品質、治療效果和預後影響深遠。它不僅會影響患者的身體機能，還可能減少患者對抗疾病的能力，增加治療的風險和併發症的發生率。

「惡病質」是一個廣泛存在的嚴重問題。根據臺灣癌症資訊網和香港癌症基金會的統計資料，約有三十%至八十七%的癌症患者會出現「惡病質」的症狀。估計約有二十%的癌症死亡案例是由於「惡病質」所導致，而非腫瘤本身。特定類型的癌症更容易引發「惡病質」現象，例如頭頸癌患者可能有六十%至七十%的患者會出現這一現象。

研究顯示，惡病質與癌症病人的生存率和生活品質有關，患有惡病質的病患通常生存期較短，並可能影響身體功能和心理健康。因此，惡病質需要在臨床實踐中得到足夠的重視。但惡病質現象通常是複雜的，治療起來具有挑戰性，需要綜合多種方法和策略來管理和改善患者的狀態。醫護人員應該提高對惡病質的警覺性和認識，以便及早識別和處理這個問題。此外，患有惡病質的病患和家屬也需要得到適當的支持和關注，以減輕其身心負擔。

惡病質出現的三個階段

惡病質的主要特徵為體重快速下降，身體出現明顯的肌肉流失和體脂肪下降現象。根據研究，出現惡病質的患者體重會在六個月內下降超過五%或ＢＭＩ低於二十。較瘦弱的病人體重下降超過二%，可能會出現「皮包骨」的現象。惡病質通常會發生在癌症患者身上，而且其發生的過程可分為三個階段。

初期階段

- 食慾不振和食量減少。
- 輕度體重下降（少於五%）。
- 代謝異常，例如能量消耗增加或營養吸收不良。
- 一般症狀，如疲勞、虛弱感、心情低落等。

中期階段

- 食量明顯減少。
- 體重大幅下降（超過標準體重的五%）。
- BMI值低於二十（正常範圍為十八．五至二十四）。
- 肌肉流失和體脂肪下降，導致體型瘦弱。
- 負氮平衡，表示氮的排出超過攝入，可能導致肌肉組織分解。
- 免疫功能下降和體內發炎物質增加。

■ 疲勞、無力、失去活力等症狀加劇。

末期階段

■ 食量極度減少或完全喪失食慾。
■ 體重持續下降，出現明顯的肌肉流失和體脂肪減少。
■ BMI值進一步降低，可能低於十八．五。
■ 全身消耗性狀態，可能出現皮包骨的外觀。
■ 免疫功能嚴重受損，易於感染和產生併發症。
■ 疲勞、虛弱、無法承受抗癌治療的症狀加劇。
■ 在這個末期階段，患者的生命風險極高，可能在短期內出現嚴重併發症或死亡。

需要注意的是，每個患者的病程可能有所不同，且這些階段並非固定的，可能會有重疊或不同程度的表現。

惡病質的照顧及改善方法

●正確營養補充

當病患出現疼痛、味覺改變、口腔炎、口乾等症狀時，食慾會受到影響，導致體重下降和營養不良。最簡單的方法是準備病人喜愛的食物，以增加進食的意願。採取少量多餐的方式，最好提供不太需要咀嚼的食物，同時鼓勵病患多攝取水分。不需要額外使用補品，因為身體可能無法吸收，反而造成傷害或負擔。建議出現惡病質的患者選擇低醣飲食，並降低及避免精緻糖類的攝取。

●藥物治療

對於惡病質，現在主要提供黃體素或其衍生物、類固醇、維生素D等藥物治療。這些藥物可以改善食慾、減輕疼痛、促進肌肉合成和鈣質吸收等。但需要注意的是，這些藥物的使用需要慎重，請在醫生的指導下進行。

運動和物理治療

適當的運動和物理治療可以幫助惡病質的患者恢復體能和肌肉質量。運動可以促進肌肉合成和骨質增加，同時也有助於改善心理狀態。物理治療則可以幫助患者緩解疼痛和肌肉僵硬等問題。

心理支持

惡病質的患者常常會出現焦慮、抑鬱等心理問題。因此，提供適當的心理支持是非常重要的。醫護人員可以透過與患者交談和給予心理支持，幫助他們積極面對疾病和治療，保持樂觀與正面思考。

另類的舒緩療法參考

舒緩腹內燒的冰淇淋

末期疾病或腹腔內腫瘤患者通常會出現體力虛弱和胃口不佳等症

狀，這是由於腫瘤分泌發炎性物質的影響，導致腹部出現灼熱感，也被稱為「腹內燒」。舒緩的方法包括降溫，例如敷上冷毛巾或食用冰涼的食物。傳統上，人們認為熱食對身體更有益，但在特定情況下，冰涼的食物也可以提供緩解症狀的效果。

在生命的最後階段，享受生活和美食更為重要。所以冰淇淋是一個很好的選擇，因為它含有蛋白質和熱量，質地適合吞嚥困難的病人。進食冰淇淋可以減少腸胃內靜脈曲張的血管刺激，防止出血，同時也可以緩解腹部燒灼感、應付味覺的改變和腹部脹痛等不適。

身心靈輔助療法

許多輔助療法已被證實對身心靈照護具有良好的效果，包括香薰療法、音樂療法和藝術治療等。透過藝術的表達形式和創作，可以協助病人表達內在的想法和真實感受，同時也可以拉近病人和家人之間的距離。音樂也可以舒緩焦慮的情緒，甚至可以進一步強化交感和副交感神經的運作，從而達到舒緩和治療的效果。

最後的營養補充

需要鼻胃管灌食或打點滴嗎？

在臨終病人的治療中，是否應該進行鼻胃管灌食或點滴治療？這是為了滿足病人的需求，還是為了慰藉家屬的情感？

在中國傳統文化中，有著「寧可痛死，也不要餓死，否則將來會變成餓死鬼」等觀念。因此，即使病人無法透過口進食，他們仍然希望透過鼻胃管灌食來維持生命，以免感到餓著。然而，這樣做可能只是為了安慰家屬，而讓病人感到更加痛苦。

如果強行插入鼻胃管灌食，或是注入大量點滴，不僅會破壞身體的自然平衡，還可能造成身體的負擔，甚至引發腸胃道出血等併發症。在臨終的狀況下，病人可能會感到焦躁不安，即使手腳被約束，也可能會無意識地嘗試拔除這些讓他們感到不適的管路。

因此，綜合來看，對於末期病人來說，鼻胃管灌食通常是無益的，甚至可能會帶來負面的影響。對於病人和家屬而言，更重要的是提供緩和療法，以幫助病人在生命的最後階段感到舒適和有尊嚴。

何時應停止鼻胃管灌食？

在考慮是否停止鼻胃管灌食時，有幾個關鍵因素需要綜合考慮。

首先是病人的預期壽命。如果病人預計還有大約半年的壽命，則通常不建議中斷鼻胃管灌食，以確保他們獲得足夠的營養和液體，避免長期挨餓。

其次，需要考慮鼻胃管灌食對病情的幫助程度。如果鼻胃管灌食能夠明顯改善病人的營養狀態、減輕症狀或提高生活品質，則繼續使用可能是合適的選擇。然而，如果鼻胃管灌食對病人的狀態幾乎沒有幫助，或者無法改善其生活品質，則可能需要重新評估是否繼續使用。

另一個重要的因素是病人的意願。如果病人在能夠表達意願的情況下，明確表示不希望接受鼻胃管灌食或其他延長生命的治療，醫療團隊通常會尊重並遵從其意願。

最後，若病人處於末期，即預期剩餘生命不到兩週，建議不再進行鼻胃管灌食或過量點滴治療。在這個階段，病人的身體功能已接近衰竭，過量的食物和水分無法被消化和吸收，反而可能增加身體負擔，進一步加劇病人的不適感。

臨終脫水是自然的生命過程

在末期或臨終階段，病人通常會逐漸失去吞嚥能力，並進入輕微的脫水狀態。這個過程是身體為了減少痛苦而啟動的機制，減少攝食，不僅可以減輕器官衰竭時水分蓄積的問題，還可以減少腸胃的負擔，減少嘔吐和排泄量。此外，肢體水腫可能會導致腰腹脹痛，而腹水、胸水、痰液和喉頭分泌物等的累積則可能會引起噁心、嘔吐和呼吸困難等不適症狀。

根據研究和臨床實踐，一些醫學專家認為在病人的末期階段中，適度的脫水（臨終脫水）可能有助於提升病人的舒適程度。停止給予過多的液體或營養支持可以減輕病人的不適症狀，讓他們更加安詳地度過末期。這是因為病人的身體已經處於衰竭狀態，無法有效處理多餘的水分或營養。而繼續給予點滴或其他養分支持可能導致呼吸困難、水腫、咳嗽、痰多、腹脹等不適症狀。

只是，當家屬目睹病人變得虛弱無力時，通常會感到極度悲痛。在這個階段，醫護人員應該特別關注與病人及其家屬的溝通，以確保他們了解病人的情況和預期的照護方針，避免讓家屬誤解為放棄照護病人。

需要強調的是，病人是因疾病而去世，不是因為水分或食物不足。

臨終過程

臨終的過程究竟有多長？身體將會出現什麼症狀？症狀出現時應該如何護理，以減低病人的痛苦及不適？

死亡很多時候是一個過程，而不會發生在一個準確的時間，因此醫療人員很難預測病人的死亡時間。研究表明，醫療人員預測死亡時間經常不夠準確，有些人的臨終過程可能持續數小時、數天，甚至可能長達數週或數月。此外，醫療團隊也很難精確地預測家人何時可以回到病人的身旁。讓病人使用升壓劑等措施來等待某些家人的到來，可能會增加病人的痛苦和不適。

在漫長的臨終過程中，病人的狀態可能會反覆不定，這可能讓家人原本已經做好準備的心情變得焦慮不安，甚至對於曾經做出不再施以某些醫療措施的決定感到糾結。

因此，不要過分關注「病人還剩下多少時間」，而應該將每一天都當作最後一天來準備，珍惜和病人相處的每一刻。這樣，即使當病人最後離開時，家人也不會因為自己不在病人身邊而感到後悔，也不會因為一些微小症狀的變化而感到困惑和焦慮。

在臨終前，病人的身體通常會先經歷惡病質狀態和快速失能的階段。常見的症狀包括排尿困難、漸漸失去控制尿液的感覺、站立不太穩定、手顫抖、吞嚥不暢、身體溫度不穩、記憶力逐漸變差等。這些症狀都表示病人的體力正在逐漸耗盡，需要儀器的協助，即將臥床並依賴他人二十四小時照顧，然後進入瀕死狀態。

每個病人在臨終前出現的症狀都不同，醫療人員必須先進行評估，確認病人是否處於臨終狀態。簡單的檢查包括觀察鼻息和胸膛的起伏、使用聽診器判斷心跳強度和心率、觸摸手腳末梢的溫度和脈搏、檢查鞏膜是否水腫等。根據病人身體狀況的變化，臨終的病人仍可能有腸道排泄、傷口分泌物、腸胃道分泌液等問題。

此時，家人往往感到手足無措，不知道如何處理這些問題。因此，醫療團隊應該提供適當的指導和支持，以減輕家人的負擔。例如，提供必要的清潔用品並指示如何使用，以及提供緩解疼痛和不適的方法，如使用藥物、按摩等。此外，家人也可以在病人身旁陪伴他們，提供情感支持和安撫。最重要的是，醫療團隊應該與家人和病人建立良好的溝通，並確保他們了解病人的狀況和治療計劃，以使病人得到最好的關懷和支持。

臨終的症狀和護理方法

呼吸系統症狀

- 呼吸型態改變：病人可能張口呼吸、呼吸困難，或是呈現淺而快速的呼吸，甚至是間歇性的呼吸暫停。
- 護理方法：抬高床頭至三十度以上，以幫助呼吸。避免頻繁的抽痰，可使用鼻導管或面罩提供氧氣，以緩解呼吸困難。

神經系統症狀

- 意識混亂：病人可能出現意識不清、混亂、迷惑、或幻覺，對周圍的反應能力和辨識力降低，表現得躁動不安。
- 護理方法：提供舒適安靜的環境，減少刺激和噪音。與病人溝通時使用簡單、直接的語言，專注傾聽患者的話語，不要用理性去反駁或企圖改變病人的想法。如果病人不清醒，可使用舒緩的觸摸、溫和的聲音或音樂來安撫病人，提供情感支持。

腸道消化系統症狀

■ 腸道功能改變：病人可能出現便祕、腹脹或失禁。

■ 護理方法：如需進食，儘量提供高纖及易消化食物。如果病人便祕，可以使用潤滑劑、軟便劑或灌腸來幫助排便。如果出現失禁，使用成人尿布或墊片，保持乾燥和清潔。適時檢查尿布是否需要更換，儘量使用沖洗而非擦拭的方式，減少對皮膚的摩擦和刺激，從而減少皮膚敏感、紅腫、發疹或其他皮膚問題。

泌尿系統症狀

■ 尿液排泄改變：病人可能出現尿量減少或無法排尿。

■ 護理方法：如果病人無法排尿且觸摸膀胱有漲尿時，可考慮放置導尿管以緩解膀胱壓力，預防尿液滯留，以減低尿液感染或其他併發症風險。但膀胱無漲尿時，則未必需要放置導尿管。保持會陰部和臀部的皮膚乾爽，以增加病人的舒適感。

循環系統症狀

■血壓和脈搏變化：身體無法維持正常的血液循環，可能令血壓逐漸下降，脈搏變得不規則且微弱。由於血液供應減少，四肢末梢可能變得冰冷，甚至導致皮膚出現發紺、濕冷的情況。

■護理方法：保持病人的身體溫暖，提供溫暖的被子、毯子或加熱器。幫助病人改變體位，避免長時間固定不動，例如提高床頭的高度或提起腳部，也可以輕輕按摩病人的四肢，特別是手腳，以促進血液循環。

吞嚥困難症狀

■飢餓感及食慾變化：病人可能出現吞嚥困難、食慾減退或拒絕進食及喝水。

■護理方法：不要強迫病人進食，也不需要給予靜脈輸液，減少食物和水的攝入是臨終過程的一種。

可使用濕海綿棒或紗布輕輕清潔病人口腔內部，特別是舌頭和牙齒，避免使用刺激性的漱口水或口腔清潔劑。在清潔後，使用護唇膏保護病人的唇部，以避免乾燥和龜裂。

可以給予少量蜂蜜水或糖水，但理解這些液體即使進食也無法被身體消化和吸收，目的只是提供少量口腔潤滑和舒適感。

疲憊和虛弱症狀

■ 生活規律及活動能力變化：病人可能會無法集中精神，專注力變得短暫且脆弱。有時候，甚至不願張開眼睛或跟人說話，整天都在沉睡。

■ 護理方法：終末期的病人需要充足的休息和處於寧靜的環境中，避免強迫病人起床活動或嘗試喚醒病人，因為沒有比在安詳的睡眠中離開更為幸福的事。

臨死覺知症狀

■ 語言和行為改變：當接近生命的最後幾天或幾小時時，病人可能會喃喃自語、胡言亂語，內容通常是不合邏輯的，甚至可能出現各種幻覺。病人可能會回顧自己的一生，腦海中浮現許多重要的回憶。這些自我對話或內心體驗可能不容易理解，但代表了病人在臨終階段的心理狀態和處境，並透過語言和非語言的方式表達對死亡的覺知。

有時病人會以非常肯定而不恐懼的方式說出自己離開的時間，以及哪個已過世的家人會來接他。這通常代表著他們對即將來臨的死亡有覺知。有些病人甚至能安排離開的時間和方式，因為不想讓家人目睹自己離世，會選擇在家人守候多時，稍微離開身邊的短暫時間內，嚥下最後一口氣。

■護理方法：家人可能因無法與病人有效對話而感到惱怒和挫折，甚至想要搖醒病人或要求醫療團隊降低止痛藥或鎮靜劑來解除病人的症狀，但這是錯誤的做法。在這種情況下，重要的是提供家人情感支持和溝通的空間，幫助他們理解病人可能正在經歷的狀態。病人可能正處於身體和心靈的極度虛弱狀態，需要休息和舒適，以應對臨終的挑戰。

臨死覺知讓病人和家人能夠有時間和空間來整理他們的生命和與親人的關係。這種準備和覺知可以幫助病人和家人更好地面對死亡，並在心理上做好準備。

臨死覺知不需要依賴宗教信仰，它是一種普世的靈性體驗，超越了種族和宗教信仰的界限。每個人都有可能在臨終階段有這樣的經歷，並且可以根據自己的信仰或價值觀來解釋和理解它。

我們應該拒絕的是過度的醫療干涉，
而非盲目相信某一種醫療方式。

第五部分

善離也善別

人生的最後一段路，

可以是和解與成長的重要機會。

回家離世

在家走，可以嗎？

如果真的要走了，人們常常考慮的是，在醫院還是在家中度過最後的時光，哪個更為適合？對於許多年老的病患來說，由於中國人有著落葉歸根的文化傳統，他們希望能回到家中，甚至在家中安詳離世。然而，現實情況是，絕大多數病患只能在醫療機構中度過最後的時光。

在生命的最後階段，醫院提供的環境通常是冰冷的病床、單調的病房布置、蒼白的牆壁以及疏離的醫護人員。病患還需要忍受鼻胃管、尿袋、引流袋、點滴針和枕墊等不便之處。在他們咽下最後一口氣的那一刻，可能還在接受營養液注射，手臂上綁著血壓計，臉上戴著氧氣面罩，而心電圖機仍然不停地發出嗶嗶聲。

在考慮讓病患回家之前，可以先問問病人：「您想在家中做些什麼呢？如果無法回家，您會感到很遺憾嗎？」

如果病人表達了回家的明確意願，我們應該尊重他們的選擇。在生命的最後時刻，許多人希望能穿上最喜愛的衣服，坐在熟悉的椅子上，平靜地進入夢鄉，安詳而美好地離開。有時候，病人可能會出現譫妄和躁動的情況，這只是因為他們渴望回到家中，在自己熟悉的環境下度過餘下的生命。若是要死，也希望可以死在家裡，所以一回到家，情況往往有所改善。

當然，家屬可能擔心在家中照顧病人的品質無法與醫院相比。他們擔心缺乏專業人員的協助會錯失治療或挽救病人的機會。然而，對於末期病人而言，醫院可能存在一些問題，如交叉感染、過度醫療引起的併發症，以及長期住院導致的失能和情緒低落等。這些問題對於末期病人的疾病狀態和生活品質並無益處。

相反地，讓病人回到熟悉的家中可以提高他們的休息和睡眠品質，增強心理穩定度，並降低交叉感染等風險。事實上，居家護理的病人和家屬往往比在醫院中感到更平靜、穩定和幸福。家中的環境最不會讓病人感到孤立或被遺棄，熟悉和安全感可能比任何藥物或醫療更能讓病人獲得改善。

「回家」不論人在心理還是靈性上，對於病人圓滿走完最後的旅程都是好事。在家中，病人可以感受到家人的陪伴和關愛。他們可以穿上喜歡的衣服，坐在熟悉舒適的環境中，平靜地度過最後的時光。家屬也可以更好地參與照顧病人，提供情感上的支持和安慰。

在家走，困難嗎？

有時候，家屬可能不願意讓病人回家，原因是他們擔心自己無法照顧即將去世的病人。然而，只要家屬能提前做好適當的準備和安排，讓病人回家其實並不像他們所想的那麼困難。醫生會先評估病人回家後可能出現的症狀，並提供適當的藥物或方法來緩解這些症狀。同時，他們也會教導家屬如何照顧病人。

當病人進入末期疾病或器官功能退化時，他們的身體通常會出現各種不同程度的症狀。家屬可能擔心在家中遇到病人突然出現症狀時無法應對或處理。醫生可以提供二十四小時的聯繫方式，讓家屬隨時可以致電諮詢，甚至預先演練在家照顧時可能遇到的困難情況，以及需要返回醫院處理的程序。在回家之前，醫護人員還會教導家屬如何判斷瀕死前的症狀，以確定是否需要介入處理這些症狀，確保病人能夠獲得最大程度的舒適。

越來越多的醫療機構開始提供安寧居家服務，這讓安寧醫師、護理師和志工有機會到病人的家中探訪，調整藥物並提供日常照顧上的諮詢。這使得家屬更有信心在家中照顧患者，同時也延長了病人在自己的家中生活的時間，讓他們能夠在最自在的地方與家人共度更多時光。

最後的五句無悔遺言

「對不起」、「我原諒你」、「謝謝你」、「我愛你」、「我原諒我自己」

人生的最後一段路，可以是一個重要的機會，讓人在靈性、轉化昇華、關係和解、平靜圓滿等方面獲得成長和完成。在精神和體力許可的情況下，可與心理師進行會談，進行生命的整合、關係的修復、生命意義的肯定，進一步完成心願。

在日常生活中，我們往往不習慣表達內心的真實感受。然而當死亡猝不及防地來臨時，很可能永遠沒有機會表達心中的感激和愛意。在終活運動領域，通常會引導即將離世的人進行道歉、感謝、表達愛意和寬恕等行為。這些行為有助於人們表達內心真實的感受，並完成關係的修復和內心的寬恕。

我們應該抓緊活著的時間，向曾經讓你感到受傷、有過爭吵的人說「我願意原諒你」，對曾經受到你傷害的人表達歉疚並說「對不起，我傷害了你」。寬恕別人的同時更需要寬恕自己、原諒自己，所以不要忘記對自己溫柔地說「我原諒我自己」。另外，對曾經幫助過、照顧過你的人說「謝謝你」，表達心中的感激和尊重，最重要的是對你愛的人說「我愛你」，表達深深的情感和關懷。

寬恕是一個重要的元素，指的並非是與你討厭的事物或者人物恢復關係，而是放下緊緊抓住的、讓自己痛苦的事情，放下負面情緒，不要在生命結束時仍心懷怨恨。在生命結束之前，學習四道（道謝、道歉、道愛、道別）與寬恕，完成內心的表達，讓自己在最後的時刻更加安心和平靜。

研究發現，如果離世者和在世者之間存在複雜的情感紛爭，通常會導致在世者長時間地持續哀傷，症狀也會特別嚴重。因此，為了讓離世者和在世者之間保留一份純粹的愛和思念，我們應該儘可能地處理好未竟事宜，解開心結，並進行心理上的告別。透過這樣的方式，我們可以減少情感糾結，避免在世者長期受到情感上的困擾和痛苦，同時也能讓離世者在另一個世界得到安寧和放鬆。

原諒別人，其實是放過自己

曾經聽說這樣一個故事，有位老人罹患帕金森氏症，已經躺在床上多達八九年。這種疾病逐漸侵蝕他的運動神經，從四肢開始到只剩下臉部的器官能夠活動，最後甚至只有眼睛能夠動彈。年輕時他不顧家庭，因此孩子們長大後無法原諒他，與他的關係漸行漸遠，其中小女兒更是多年前就前往歐洲，拒絕與他聯繫。

某一天，老人的病情突然急轉直下，醫院發出了病危通知書。老人的妻子請求醫院暫緩他的生命結束，等待小女兒回來與父親見上最後一面。儘管老人極度痛苦，但他一直堅持不肯斷氣。當小女兒匆匆趕到醫院時，其他親人早已離去，只留下她和父親獨處。

那個晚上，老人離世了。

後來，小女兒與家人分享了他們當晚的「對話」。她向父親訴說了多年來心中的委屈：她從小便渴望有父親的陪伴，但家裡總是缺乏他的存在，即便在她人生重要的時刻，父親也無法在場。她說出了許多沉重的話，甚至曾說過「我恨你」。然而，在說完這些話後，她也流下了淚水。她明白了自己內心的真實感受：其實，她深深愛著父親。

最後，小女兒對著父親說道：「我原諒你，我仍然選擇愛你。我們之間不再有遺憾。」奇妙的是，當父親聽到這番話時，淚水從他的眼角滑落，而心跳監測器則顯示出了平靜的直線。原來，老人等待這麼久，只是為了釋放遺憾，重新獲得那份愛。

在學會原諒後，我們會以不同的觀點看待事情，開始對生活中發生的種種抱持感激之情。那些曾經傷害過我們的事情可能不再被視為傷害，而成為我們成長和學習的機會。

還能做些什麼嗎？

面對親人的離世，許多人即使是早有心理準備，也常常希望能夠繼續為死者做些什麼。這種心態代表著對逝者的深深思念和不捨之情。雖然這種心理反應可以被視為拒絕接受逝者離去的一種方式，但是讓親人參與一些善後的事情，有時候能夠為他們帶來莫大的安慰，使他們更容易接受和釋懷。在這方面，幫忙整理遺體和參與告別儀式是兩個特別重要的過程。

遺體整理

當病人離世後，醫護人員會協助清潔病人的身體，移除身上的管路，並以人工皮或敷料覆蓋傷口。但在這個階段，還不會立即為逝者換上最後的服裝，因為身體在生命的最後階段仍會自動排出穢物。會等到穢物排清後，再進行一次清潔，最後才為病人整理容顏。

然而，遺體整理不僅僅是一個技術性的任務，更可以成為一個有效的悲傷輔導過程。護理人員或看護在進行遺體整理時，可以給予家屬情感上的支持和慰藉。他們可以與家屬溝通，了解他們的需求和情緒狀態，並根據情況提供適當的協助。也可以解釋整個遺體整理過程中的細節，以減輕家人的焦慮和不安感。

除此之外，家屬也可以與禮儀公司人員討論，是否可以參與儀式前遺體整理的過程，例如協助為逝者換上最後的服裝，或者幫助修飾逝者的容顏，親自照料逝者，讓逝者看起來整潔舒適，彷彿未曾生病一樣。

這對於家人來說具有重要的意義。

這樣的參與可以讓家人再次感受到他們對逝者的愛和關懷，並為他們提供一個機會來與逝者說再見。這個過程不僅僅是一個實際的行動，更是一個情感上的交流和表達。透過參與整理遺體，家人可以感受到與逝者的連結和關係，同時也能夠在這個過程中緩解悲傷和失落的情緒。

告別儀式

另一項有效的哀傷輔導，就是透過告別儀式。很多時候，因為家人已經很難再為病人做些什麼，所以會把所有的心意都寄託在慎重的告別儀式上。因此，告別儀式非常重要，它可以讓病人在離開時得到尊重和關懷，讓家人和親友在悲傷中得到慰藉和支持。

在規劃告別儀式時，我們應該尊重逝者的想法和價值觀，以同理心與家人們溝通、協商，找到一個大家都同意、沒有衝突的方式，以實現善別目的。

我們不需要去質疑或否定每個人所持有的看法或價值觀，而是應該充分理解每個人的立場和情感，以尋求一個讓所有人都能接受的方式。

透過共同的努力，家人可以打造一個充滿意義和溫馨的告別儀式，讓每個參與者都能在其中找到自己的安慰和寄託，以實現告別儀式的真正意義。

哀傷輔導

對於逝者來說，痛苦會隨著死亡而結束。然而，對於那些被留下來的生者，痛苦卻持續燃燒，甚至在告別儀式結束後仍然存在。因此，後續的哀傷輔導顯得非常重要，因為被留下來的生者，需要的不僅是協助處理悲傷，更需要的是幫助他們重新適應和振作起來，繼續邁向未完成的人生旅程。

當發生突發疾病或意外離去時，家人和親屬可能會出現過度哀慟的反應，這可能會對他們的認知、情緒和行為表現造成異常。相較之下，陪伴慢性病患者離世的家人可能會有更長的時間來做好心理準備，並及早安排親人離開的事宜。然而，無論是哪種情況，如果沒有正確地度過這個離別過程，對生者的身心健康都會造成嚴重的影響。

悲傷輔導可以幫助人們在適當的時間內有效地處理悲傷，完成悲傷的過程，並恢復對生活的應對能力。在親人離開時，接納和寬慰自己的情感，並表達對親人的認同和感激。當悲傷降臨生命中，我們應該接納它，與它共同前行，而非試圖迴避或切割它，因為這樣只會重複帶來傷痛。我們應該相信，總有一天我們能夠重新定位自己，從悲傷中看見其背後的真實意義。就如同傷疤的存在，它並非僅僅是提醒我們曾經經歷過傷痛，而是我們生命中的痕跡，教導我們更加珍惜所擁有的一切，滋養了我們的人生。

走出悲傷可能需要幾個月或數年的時間，因此後續的悲傷輔導變得非常重要。在輔導過程中，家庭成員需要表達失去親人的哀傷，處理哀傷，並釋放哀傷，因為只有通過這個過程，才能真正走出悲傷。

哀傷的五個心理階段

1. 否認（Denial）

在面對失去時，人們常常會感到驚愕和難以置信，他們可能會拒絕接受這個現實，並否認親人的死亡，甚至覺得這只是一個惡夢或錯誤。例如，一個人可能不斷期待親人出現，或者拒絕清理親人的物品，以保持一種虛假的存在感。這種階段可以視為一種防衛機制，幫助人們暫時避開痛苦和悲傷的情緒。

2. 憤怒（Anger）

當否認逐漸消退，人們開始意識到失去的真實性，他們可能會感到憤怒、不公平和無助。這種憤怒可能對象廣泛，包括自己、他人、上天或整個世界。例如，一個人可能因為親人的死亡而對醫生或其他人產生怨恨或憤怒。這是一種情緒的釋放，人們通常需要找到一種正確的方式來表達和處理這種憤怒。

3. 討價還價（Bargaining）

在這個階段，人們嘗試與上天、命運或其他力量進行交易，希望能夠改變或扭轉失去的結果。這種交易往往是內心的，人們可能會許下承諾或願望，希望以此換取一種改變或重返過去的可能性。例如，一個人可能會承諾做出某種改變，希望能夠換回親人的生命。

4. 悲傷（Depression）

當討價還價失敗時，人們開始感受到深深的悲傷和哀傷。這種悲傷可能伴隨著沉重的心理負擔、失去興趣和希望的感覺，以及對未來的憂慮和恐懼。例如，一個人可能經常感到沮喪、哭泣，對日常生活失去興趣，甚至出現睡眠和食慾的改變。這是一個深層的情感階段，人們需要時間和支持來處理和療癒這種悲傷。

5. 接受（Acceptance）

在經歷了一系列的情緒反應和內在工作後，人們進入到接受的階段。在這個階段，他們開始接受失去的現實，重新調整他們的生活，並找到新的意義和目標。例如，他們可能開始逐漸恢復日常工作及社交，並找到紀念親人的方式或參與支持群體。雖然仍然可能感到悲傷，但他們已經學會與失去和痛苦共存，並逐漸向前邁進。

這些心理階段並不是一個固定的順序，每個人的哀傷體驗都是獨特的，可能會有不同的強度和持續時間。每個人在哀傷過程中都有自己的獨特需求和時間表，因此這些階段的體驗可能會有所不同。重要的是給予自己時間和空間來處理哀傷，在需要的時候尋求適當的支持和輔導。

哀渡，就是安然度過哀傷

如果你正在經歷哀傷，不要獨自承受這份負擔，請尋求哀傷輔導的幫助。哀傷輔導（Grief Counseling）是一種專業的心理輔導服務，旨在協助個人應對失去親人、關係摧毀或其他形式的損失所帶來的心理創傷。在哀傷的過程中，人們常常面臨情緒上的困擾和無助感，而哀傷輔導的目的就是提供情感支持和指導，幫助他們走出心靈的陰霾。

哀傷輔導師透過聆聽和理解來建立與受傷者的情感連結，營造出一個安全、支持和無批判的環境。他們專注於個人的獨特經歷和感受，並提供情感上的支持和指導，幫助個人處理哀傷所引起的情緒和思緒。

在哀傷輔導過程中，輔導師會運用不同的技巧和策略來幫助個人應對哀傷。這可能包括情緒管理技巧、正向思考模式的培養、釋放情緒壓力的方法等。輔導師還會提供心理教育，幫助個人理解哀傷的過程和不同的哀傷反應，以及如何應對這些反應。

除了情感上的支持，哀傷輔導還鼓勵個人建立支持系統。這可能包括與家人、朋友或其他支持者的交流和溝通，以獲得額外的支持和理解。輔導師也可以提供資源和建議，引導個人尋找其他專業機構或社區資源，如支持團體或機構，以繼續獲得支持和幫助。

哀傷輔導是一個漫長而個人化的過程。每個人的哀傷體驗都是獨特的，因此輔導師會根據個人的需求和進展制定適合的輔導計劃。輔導師陪伴個人一同走過哀傷的旅程，幫助他們逐漸接受失去，重新建立對生活的意義和目標。

最重要的是，哀傷輔導提供了一個安全、保密和無批判的空間，讓個人可以自由地表達情感和思緒，並得到接納和支持。透過哀傷輔導，個人可以逐漸恢復心理平衡，找到重新開始的勇氣和力量。

應對親人死亡哀傷的實用心理方法

表達情感

接受失去親人的現實，允許自己表現脆弱、哭泣，感受和回顧痛苦的回憶。找到一個安全的出口來表達內心的情感。可以透過寫日記、創作、繪畫、與親友交談或參加支持群體等方式表達情感。例如，你可以寫一封信給已故的親人，表達你的思念和感激之情。

找到支持系統

尋求支持並與他人分享你的感受。和親友、家人或專業心理輔導師交流，分享你的經歷和感受，他們可以提供情感上的支持和理解。例如，你可以加入一個哀傷支持群體，無論是實體的還是線上的，與其他經歷類似損失的人交流。

照顧自己的身體

哀傷期間特別需要照顧自己的身體，包括飲食均衡、適度運動和充足睡眠。身體的健康狀態可以影響情緒和心理的平衡。例如，你可以嘗試每天進行一些輕鬆的運動、注意飲食營養，並確保有足夠的休息時間。

接受情感的波動

在哀傷過程中，情感會有起伏。接受這些情感的變化是很重要的，不要試圖壓抑或遮蓋它們。給自己充分的許可去感受悲傷、憤怒或其他情緒。例如，當你感到悲傷時，給自己時間和空間去哭泣，而不是強迫自己壓抑情感。

創建紀念活動

構建一個紀念親人的方式可以幫助你處理哀傷。這可以是舉辦紀念儀式、製作紀念品、寫回憶錄或參與有意義的慈善活動等。例如，你可以舉辦一個紀念儀式，邀請親友一起分享對親人的回憶，並為他們的生命致敬。

適應新的生活模式和角色

需要調整自己的生活模式和角色，並努力建立更好的家庭關係。這可能涉及到重新分配家庭責任和角色，如家務事務、照顧孩子或長輩的責任。這樣的調整需要時間、努力和互相理解，是一個漸進的過程。而家人之間的支持和合作至關重要。透過家人之間的共同努力，可以建立新的平衡，並應對家庭中新的需求，建立更堅固和有意義的家庭關係。

這些方法可以幫助你在失去親人後處理哀傷，但請記住，如果你感到無法應對或情緒困擾持續加劇，尋求專業心理輔導或諮詢是非常重要的。

人生的最後階段，可以是靈性成長、心願實現、轉化升華、關係和解、平靜圓滿的機會。

附錄

實踐終活檢查表

1. 預立各種醫療指示：	個人化醫療選項的認知與規劃，確保即使病危或昏迷也能實施符合意願的治療與生命延續措施。
	開始日期：
	完成日期：
2. 財產管理：	列出房屋和土地契約、股票等相關文件，並留下帳戶密碼。
	開始日期：
	完成日期：
3. 財務規劃：	做好現金的規劃與運用，享受優質的退休生活。
	開始日期：
	完成日期：
4. 檢視保險：	臨終生活的安全傘，應對人生不確定性，安心渡過生命的最後一天。
	開始日期：
	完成日期：
5. 制定遺囑：	財產分配我來定奪，保護所關心人的利益，避免後人間紛爭。
	開始日期：
	完成日期：

6. 殯葬安排：	預先選擇符合信仰的道別儀式，人生最後的告別與搬家。
	開始日期：
	完成日期：
7. 更新聯絡名單：	方便快速連繫，確保不遺漏任何想見最後一面或收到死亡通知的親友。
	開始日期：
	完成日期：
8. 物品斷捨離：	讓物品服務於你的需求，減輕過度擁有的負擔。
	開始日期：
	完成日期：
9. 實現最終目標：	列出終極夢想與目的地清單，努力實踐，活一天賺一天。
	開始日期：
	完成日期：
10. 終活筆記：	留致自己的情書，留給家人的永恆紀念，記錄生命中每一個珍貴瞬間的存在。
	開始日期：

View系列 143

好好走向終點線

人生最重要的10個終活練習

作　者—鍾灼輝
主　編—尹蘊雯
責任編輯—王瓊苹
責任企劃—吳美瑤
美術設計—張巖
內頁排版—芯澤有限公司
副總編—邱憶伶
董事長—趙政岷
出版者—時報文化出版企業股份有限公司
一〇八〇一九臺北市和平西路三段二四〇號三樓
發行專線—（〇二）二三〇六六八四二
讀者服務專線—〇八〇〇二三一七〇五・（〇二）二三〇四七一〇三
讀者服務傳真—（〇二）二三〇四六八五八
郵撥—一九三四四七二四　時報文化出版公司
信箱—一〇八九九臺北華江橋郵局第九九信箱
時報悅讀網—http://www.readingtimes.com.tw
電子郵件信箱—newlife@readingtimes.com.tw
法律顧問—理律法律事務所　陳長文律師、李念祖律師
印　刷—勁達印刷有限公司
初版一刷—二〇二四年三月二十二日
定　價—新臺幣四五〇元

時報文化出版公司成立於一九七五年，
並於一九九九年股票上櫃公開發行，於二〇〇八年脫離中時集團非屬旺中，
以「尊重智慧與創意的文化事業」為信念。

好好走向終點線：人生最重要的10個終活練習/鍾灼輝著. -- 初版.
-- 臺北市：時報文化出版企業股份有限公司, 2024.03
面；　公分

ISBN 978-626-396-022-0（平裝）

1.CST: 生死學 2.CST: 生命教育

197　　113002517

ISBN 978-626-396-022-0
Printed in Taiwan